学习的故事 ②

XUEXI DE GUSHI

主　编　闫鹏涛　黄　潇
副主编　周丽昀　徐　萧

上海大学出版社
·上海·

图书在版编目(CIP)数据

学习的故事. 2 / 闫鹏涛,黄潇主编;周丽昀,徐萧副主编. -- 上海 : 上海大学出版社, 2025.4.
ISBN 978-7-5671-5156-7
Ⅰ. G442
中国国家版本馆 CIP 数据核字第 2025Z97H28 号

责任编辑　陈　强
助理编辑　陈　荣
封面设计　缪炎栩　倪天辰
技术编辑　金　鑫　钱宇坤

学习的故事②

主编：闫鹏涛　黄　潇
副主编：周丽昀　徐　萧
上海大学出版社出版发行
(上海市上大路99号　邮政编码200444)
(https://www.shupress.cn　发行热线 021-66135112)
出版人　余　洋
*
南京展望文化发展有限公司排版
上海华业装璜印刷厂有限公司印刷　各地新华书店经销
开本 710mm×1000mm 1/16 印张 14.5 字数 186 千
2025年4月第1版　2025年4月第1次印刷
ISBN 978-7-5671-5156-7/G·3675　定价 65.00 元

版权所有　侵权必究
如发现本书有印装质量问题请与印刷厂质量科联系
联系电话: 021-56475919

本书编委会

总策划 苟燕楠
主　编 闫鹏涛　黄　潇
副主编 周丽昀　徐　萧
编　委 余　洋　戴骏豪　邓　江
　　　　　刘旭光　车岸原　赵　勇

序言

学习之悦，故事之力

20世纪60年代末，美国学者罗伯特·赫钦斯在《学习型社会》一书中，首次提出"学习型社会"的概念。在这本学习型社会理论的代表作中，赫钦斯敏锐地洞察出未来社会发展的趋势就是构建学习化社会。在这个社会里，教育制度能够反映出教育的真正含义，即通过培养人的理智美德来完善人性。

新世纪以来，我国从实现人的全面发展出发，持续发力学习型社会建设，尤其是在党的二十大上，首次提出了"学习型大国"的概念，彰显出进一步加强中国学习型社会建设的决心和信心。二十多年来，我国学习型社会建设成效显著，特别是近十年来，学习型社会建设使得我国人民的精神面貌发生了极大的变化，全民学习、终身学习成为人们的广泛共识和积极行动。

2020年9月，习近平总书记在教育文化卫生体育领域专家代表座谈会上强调："完善全民终身学习推进机制，构建方式更加灵活、资源更加丰富、学习更加便捷的终身学习体系。"意味着全民终身学习作为有机制、系统科学的体系，需要全社会各个主体从不同层面共同努力、积极参与。讲好普通人的学习故事就是其中一个重要的实践维度，这也是我们持续发掘"百姓学习之星"故事，编辑出版《学习的故事》第二辑的动力所在。

以色列历史学家尤瓦尔·赫拉利在《人类简史》一书中提出，人类和其他动物的最大区别，就是人类具有制造故事的能力，具有相信故事的能力，具有为了故事所许诺的事物而奋斗的能力，"人是讲故事的动物，没有故事，人类社会就无法运作"。我们相信故事的力量，相信故事之力能够抵达心灵、激发行动。

所以《学习的故事》第二辑和第一辑一样，一项重要的工作就是"发掘和选择"。我们必须从千千万万个普通人的学习故事中，发掘和选择出那些最真实、最丰沛、最能抵达时代精神和人们内心的好故事。

比如"小妹妹"张惠芳的故事。在重固镇那片充满乡土气息的土地上，张惠芳用沪剧和故事，为乡亲们搭建起了一座文化的桥梁。她不仅自己热爱学习，更将这份热爱化作涓涓细流，滋润着更多人的心田。从沪剧团的排练厅到社区的文化课堂，张惠芳老师的身影无处不在，她用艺术的力量温暖着人心，也让我们深刻感受到了学习在文化传承中的重要作用。

比如朱春南阿姨的故事。作为一名家政服务工作者，朱春南并没有因为岗位的平凡而放弃追求。相反，她利用业余时间学习烹饪、花艺、育儿等知识，不断提升自己的服务水平和综合素质。她身体力行地讲述着——学习没有年龄的限制，没有职业的界限，只要有心，就能在任何领域发光发热。

光有好故事还不够，呈现这些好故事的方式同样重要。近年来，非虚构深受欢迎，很重要的一个原因就是其讲述故事的方式，既有别于新闻报道，也有别于传统的报告文学、纪实文学和一般意义上的散文，更具有文学艺术性和戏剧张力，也更为读者所喜欢。《学习的故事》创作团队希望为每个好故事配上好讲者，找到最适合它的呈现方式。因此，我们对创作者不进行任何事先的框定，只希望他们把故事讲得真、讲得好。

如何讲得真、讲得好？我们认为写作者首先要深入主人公的生活，与他们的心灵和情感建立联系，然后才是借助创意写作思维，鼓励不拘一格的文字。从结果来看，这些年轻的写作者虽然功力上还欠火候，但足够用心、足够真诚。和他们的写作对象一样，他们也充分发挥了年轻人的活泼，很多地方都大大超出我们的预期。在某种程度上，每一篇文章的诞生，都是一篇"学习的故事"，也因此《学习的故事》本身就是一部大写的"学习故事"。

写作者用真实而细腻的笔触，让我们随着主人公命运的展开，对学习的艰难与愉悦感同身受。学习从来都不是一件轻松的事情，它的过程充满着汗水、挫折，甚至失败；但学习又是一件充满愉悦的事情，知识的获得让人感到快乐，自我提升、自身价值的实现让人感到更大的快乐和持久的愉悦。

我们希望传递学习之悦，以故事之力，让一个学习的故事生发出另一个学习的故事，让每个普通人都有机会成为学习故事的主人公，让学习都能成为我们每个人的生活方式。

编　者

2024 年 10 月

目录

无论画下什么样的弧线，圆心都不曾改变
　　——纺织工人黄宝妹的故事　唐小瑜　·001
重固"小妹妹"的文艺梦
　　——文艺工作者张惠芳的故事　郑沁辰　·014
在地面飞行
　　——机务工程师王俊的故事　琚若冰　·025
且将新火试新茶
　　——家政阿姨朱春南的故事　邓冰冰　·041
一个蛋壳的可能
　　——蛋雕师李亚非的故事　马　侠　·052
走进画中
　　——绘画老人章国敏的故事　程倚飞　·067
在人们看不见的静默处
　　——古籍修复师王晨敏的故事　张杏莲　·078

不断翻页的人生

　　——动车维修师张华的故事　马　兵　·090

一个玩具厂厂长的学习人生

　　——企业家张友明的故事　汪　婕　·102

于静默处生发斑斓

　　——96岁老人蒋振国的故事　陈　捷　·116

打造数控梦工厂

　　——数控教师王文强的故事　陈芳盈　·126

从指尖到心间

　　——书法家吴钢的故事　高星宇　·138

被草编点亮的时刻

　　——徐行草编传承人王勤的故事　李昔潞　·151

从漕溪北路电信营业厅走出来的专家

　　——技师吴文巍的故事　郑祖伟　·163

每一件美妙的小事

　　——外卖骑手宋增光的故事　李雅琪　·178

学而忘忧，不知老之已至

　　——退休教师沈仙万的故事　陈　颖　·191

敲打声中的修行

　　——奉城木雕传承人徐华兵的故事　黄思文　·203

后记　·219

无论画下什么样的弧线，圆心都不曾改变
——纺织工人黄宝妹的故事

唐小瑜

> 棉似白云滚翻天，
> 一夜纺纱千万件。
> 谁见仙女天上有，
> 如今应说在人间。

国棉十七厂的露天广场上，上海越剧院的七名演员挥舞着水袖，进退聚散，灵动自如，唱词优雅而动听。这部越剧专为纺织女工所作——也就是此刻台下的观众。工人们紧挨着坐在长板凳上，稍稍仰着脖子向前倾身，都想离舞台近一些，再近一些。黄宝妹坐在前排，听得认真，简直不愿错过演员们的任何一个动作与眼神。台上很快便演到了关键之处，演员们齐声高唱——"黄宝妹小组显神通，苦战一夜灭白点"。黄宝妹身边的女工们兴奋地拍了拍她的手臂，黄宝妹也羞涩又自豪地笑

本篇主人公黄宝妹，1931年生，中共党员，上海市浦东高桥人，原上海第十七棉纺织厂工会副主席，新中国纺织工人的优秀代表，"七一勋章"获得者。2024年全国新时代"百姓学习之星"，2024年上海市"百姓学习之星"。1944年起入纱厂工作，1952年入党，先后七次被评为上海市、纺织工业部和全国劳动模范，八次受到毛泽东、周恩来等老一辈党和国家领导人的亲切接见。退休后，参与多地多个棉纺厂建设，积极服务居民群众，宣讲劳模精神与党的优良传统。

着……

这一颇有时代特色的场景,来自1958年的电影《黄宝妹》。这部电影的问世,源于周恩来总理视察上海时提出的要求:拍一部劳模电影。电影的主角选来选去,最终选中了荣获两次"全国劳动模范"称号的黄宝妹。导演谢晋又亲自登门进行考察,拍板让她做主演。于是,国棉十七厂纺织女工、全国劳动模范黄宝妹在电影中扮演了她本人,展示自己与带领的小组如何学习先进工作法,如何绞尽脑汁提高纺纱质量,又如何通过辛勤的劳动为人民、为国家创造财富。

导演谢晋将该片定义为"艺术性纪录片",既作了必要的艺术处理,又保留了绝大多数的真实感,而且还迎合了时代的风气、宣传的需求,因此,《黄宝妹》自然而然地在全国范围内取得了很高的评价。1959年国庆节,28岁的黄宝妹受邀前往北京,同其他国庆献礼电影的演员一起接受了文化部的宴请。席间,文化部部长茅盾询问她是否有意继续拍电影,做一名专业演员。黄宝妹笑了笑,神色感激而为难,婉拒了这份看起来无比诱人的邀请。她说:"我的岗位在纺纱。我一门心思就是要纺纱,为人民服务。"

回到纱厂,她继续勤恳工作,也努力钻研与学习。她知道,光鲜亮丽的银幕并非她的梦想,而让百姓不惧寒暑、人人都有好衣穿,方是她的职责所在,也将成为她终身的志业。

纺纱的入门: 裕丰纱厂中的学习

旧时的上海浦西是远东的明珠,是冒险家的乐园。参差的大楼间,黄金白银流入流出,东西南北的面孔在此产生交集,各自寻找着攫取功名利禄的机会。而在一江之隔的浦东,平民百姓是与都市生活无缘的。1931年末,黄宝妹出生于高东乡麦东宅的一户人家。她名字里一个

"宝"字，蕴含着为人父母者的祝福与爱护。然而黄家家境拮据，生存的压力如紧追在后的车轮，迫使幼时的黄宝妹早早参与到劳动中，她鸡鸣则起，挑盐谋生，帮助父母承担养家糊口的责任。

有时，她走过学堂，听见教书先生的讲习声与学童们的诵读声。那些难懂的诗文哲史、天文地理仿佛另一种语言，又受到墙垣的隔断，听起来并不真切。墙内的学童与墙外的她，似乎分处于两个世界，她只能站在两个世界的界线边缘，羡慕那些有书读的孩子，想象着坐在教室中的自己：穿上干净的衣装，提着结实的书包，将书在桌上摊开，把先生教的知识仔仔细细地记在纸上，等到放了学，便和同窗们到田野之间逗猫弄狗、捕鱼捉虾……

从教书先生那里听来的只言片语，因为没有前因后果，很快地就从指缝间漏走了。读书习字，是属于那些有余力的人的，是属于那些幸运的孩子的。

1944年春节结束后，邻居为黄宝妹的母亲捎来了一则消息：裕丰纱厂正在招纺织工人。黄家所处的高东乡位于浦东的东北隅，原来在行政上属于高桥区，在1944年初被归入"第五区"，而裕丰纱厂，就位处对岸的"第二区"——在今天被称为"杨浦区"，两地之间乘坐摆渡便可往来。黄宝妹当时虚岁13岁，在穷人家中已算得上是一个可靠的劳动力。她看似有选择，但以她的知识与见闻，实在是没有比去纱厂工作更好的出路了。大年初四的早上，在黯淡的晨光中，黄宝妹护紧财物，挤入排队坐船的人流中，用父母给的零钱买了张摆渡票，在黄浦江的浪声中摇摇晃晃地乘到了对岸。她参加了裕丰纱厂的面试，战战兢兢地面对招工负责人，如实回答了有关自身情况的问题，很快就接到了上班的通知。第二天，她就戴上束发帽，穿上白色的围裙，成为纱厂中一名不起眼的女工。

黄宝妹被分配到细纱车间，接受纺纱的入门教育。当她第一次踏入车间时，被那一台台轰鸣作响的机器惊呆了。只见纺织女工们在纱车旁来回巡走，两手飞快地拨弄着纱锭上的细线，接续断头，取走皮辊花（即粗纱纺细纱时因纱线断头而卷绕在皮辊上的棉纤维），小心看顾着机器，让一根根纱线有序地缠绕至卷筒上，成为可供出售的商品。有资历的女工带着新进厂的女工，慢慢地教，慢慢地学。黄宝妹从她们那里知道了纺纱的流程，学会了必需的手法。她模仿着熟练工人的操作，遇到不懂的问题就向有经验的人请教。她就这样一步一步地学会了操作纱车。

这也是一种学习，是对一种技能的认识、练习与消化。只有学好了纺纱的技能，她才能在车间里有一席之地，挣来足以养活自己的薪水，再把余下的钱寄给父母。因此黄宝妹打定主意，哪怕再苦再累，也要把技能牢牢地掌握在手中。

在当时的纱厂中，纺织工人的排班分为两班，早班开始于清晨6点，结束于晚上6点，夜班则覆盖了剩余的时间。黄宝妹从家到纱厂要花费3个小时，她若上早班，便得凌晨3点起床。工人一周上早班，一周上夜班，每天工作时长高达12小时。纱车日夜运作，黄宝妹刚学到点纺纱的门道，就要开始一圈又一圈地在纱车之间来回走动，看管纱锭，接续断头，每日不知要走多少里路，忍受这份磋磨人的体力与意志的苦工。更糟糕的是，"拿摩温"不会因工人的年幼而给予多少同情，他们绝非劳动者的盟友。所谓的"拿摩温"，来自洋泾浜英语中的"Number One"，即"工头"。"拿摩温"专门监视、管理工人干活，手持钢管来回巡视，工人干活稍微慢了些，就要挨打。黄宝妹不知挨了"拿摩温"多少的打与骂，她不被视作一个独立的人，而只是车间的一个齿轮，运转不灵时，便被工头不加怜悯地敲敲打打。

国民党接管裕丰纱厂后，为工人减少了每天一个半小时的工作时间，但除此之外，工人的境遇并未在根本上得到改善，有时甚至更严苦。"拿摩温"们仍是将纺织工人当作外贼一般防备,每逢换班时点,都要把离开车间的工人们抄身一遍,确保他们没带走工厂的东西,才肯放他们走。工人在裕丰纱厂中,是没有尊严的。

1949年,忍受着重重盘剥的工人们终于迎来了曙光。5月27日,上海解放。在连日的激战后,上海的自来水与交通竟然都没受影响,城市被完完整整地交还到了人民的手中。裕丰纱厂自然也不再是裕丰纱厂,而被改建为国棉十七厂。工厂制度发生了根本变革:每班工作减少至8小时,取消"拿摩温"制度与抄身制度,建立工会,提高工人待遇,开设扫盲班……工作不再如过去一般痛苦而繁重,工人们的脸上有了越来越多的、轻快而放松的笑容。当一本本记载着纺纱工作法的小册子被送入纱厂,递交到纺织女工们的手中时,黄宝妹忽然意识到,有一个重要的机会已摆在了她的面前:那便是学习的机会。

学习的自觉:从谋生到自主钻研

国棉十七厂迎来了新生。党组织派了军人代表来,绘声绘色地为工人们上了一堂课,告诉他们上海发生了什么变化,中国共产党是一个什么样的政党。黄宝妹听得认真,她至今记得这样两句话:

"共产党是为人民服务的,是无产阶级政党。工人是领导阶级,工人做主人了。"

她从军人代表的话中提取出了未来的目标:既然工人做了国家的主人,那她作为工人阶级的一分子,就得好好地干,拼命地干。在新中国成立之前,她为谋生踏入了纱厂,领着微薄的薪水,如一台机器一般机械地工作,心灵都因此干涸;可从上海解放的那一刻开始,她也得到了解放,不再是纱厂的机器,而是机器的主人。如今正是为自己、为人民、为国家学习技能的时候了。

黄宝妹认真地琢磨了一番。她知道，纺纱工人这一工种属于熟练工，熟练程度极大地影响着工作效率的高低，但这不意味着除了日日夜夜的反复练习之外，便没有其他办法来提高效率了。纺纱要纺得又快又好，也得讲方法，掌握技能只是一个开始，她还得继续学技术。

当时纺织工人学习技术主要有两种途径：其一是通过报纸或宣传册上的文字，自行琢磨；其二是派遣专人到劳模那里去请教，再将学习所得带回自己的小组。前者需要识字，有钻研和试错的耐心；后者视地理距离的远近可能会消耗大量时间精力，但能学到的东西要比纸面上更多，也不易学岔。纱厂的扫盲班为她打下了识字的基础，黄宝妹学习郝建秀工作法时，就主要依靠宣传册，她从郝建秀那里学到的最重要的经验，是"工作要动脑筋"。

黄宝妹和过去一样，主要在细纱车间工作，这是纺纱生产的最后一道工序。车间中并排设置了一台又一台纱车，机器日夜轰鸣，纱锭将纤维捻成纱，一圈圈地绕起。纱车与纱锭都需要纺织女工随时在侧照看，接上线的断头，处理皮辊花，检修机器的故障。闲暇时，黄宝妹有时读报，有时看手册，更多的时候留在车间中，慢慢地调试机器，在纱车与纱车之间狭窄的走道中比画着，熟悉机器的运作，试验新学到的知识，或是测试自己的新主意。她越来越强烈地认识到，环境的细微变化、设备的好坏、工艺的差别、纺织工人的操作水平与责任心等要素是如何影响着纺纱的效率与质量的。

通过不断的学习精进，黄宝妹很快就总结出了一套"单线巡回、双面照顾、不走回头路"的工作法。正因理解了机器运作的原理，方能找到工作中的诀窍，她知道以怎样的手法接续断头能最大程度减少皮辊花，也习得了纱车的维护和修理手法，比赛纺纱效率与皮辊花的多少时，别人都没有赶上她的信心。

当时各工厂常设有学习小组，便于工友交流经验、相互学习，学习成果还会有评分。黄宝妹因其能力强、水平高,被推举为学习小组的组长。她也不藏私,大方地分享了自己的工作经验,不止带领整个小组进步,也对各地来访的工人倾囊相授。到后来,更是参与了工作法纪录片的拍摄,"徒弟"多得她都记不过来。中国纺织事业的发展,既需要个体的钻研,也离不开全国纺织工人学习技术的热情。在这项伟大的事业中,黄宝妹通过自己的学习与努力,成为一代纺织女工中的标杆人物。

理想的成形: 从报恩到"为人民服务"

1953年是黄宝妹人生的一大转折点。这一年,全国纺织工业部评选劳动模范,上海共有18个名额。时年22岁的黄宝妹已是国棉十七厂最优秀的纺织女工。在当时,一般的纺织工人能照看约600个纱锭,而她一人能照看800个纱锭,是十七厂的最高纪录——这正是她学习、思考、努力的成果。除去工作能力的突出,她待人友好、踏实肯干,人品上无可指摘,因而被推举成为一名劳动模范。

黄宝妹从未想过自己竟能被评为"劳动模范",荣誉对她来说是勤恳工作途中的一个小小惊喜,毕竟她并不是为了成为劳动模范而努力工作的。几年来,她拼命工作,是为了感激毛主席,感激共产党。党改变了无数纺织女工受剥削的命运,将她们从无望的深潭中拉了上来,还给予了她们曾经想都不敢想的识字、受教育的机会,黄宝妹便以勤奋工作回报,向毛主席、向共产党、向知名或不知名的共产主义战士们报恩。从上海30万纺织工人中脱颖而出,既是一个偶然,也是她的付出换来的必然。这为她徘徊于家庭与工厂之间简朴而诚实的生活带去了一些变化——她要去北京领取荣誉、获得表彰。

1953年炎热的8月,她带着行李来到上海北站(当时被更名为"上海站"),仰头看着这幢有着无数拱形与方形门窗的欧风建筑。这是她第一次离开上海。她与其余 17 名劳模一同踏上了咣当作响的绿皮火车，去往北京。当时，沪宁铁路已经畅通，在战时损毁的铁轨早已修复完毕，然而，改建尚未完成，列车需花费 7 天 7 夜，方能从东海边的申城，抵达一千多公里外的北京。劳模们白日里想尽办法地打发时间，看报纸、唱歌、聊天，夜晚铺好报纸，蜷在地板上入睡。天南海北地闲聊时，劳模们也会聊起各自在车间中工作的情况。黄宝妹没有错过这些对话，寻思着能否从聊天的细节中再学些技术，好带回到国棉十七厂中去。

这时的黄宝妹还不知道，在未来的几十年时间里，她还会有许多次前往北京的机会，接受一项又一项属于劳动者的荣誉。而去往北京的交通方式，将在未来得到迭代：火车提速，民航得到发展，高铁网络建成，从上海前往北京所需的时间被压缩至半天以内。

火车行至南京时，乘客们鱼贯而出。长江大桥建成通车，是在 4 年后的 1957 年，在那之前，沪宁铁路有一块被浩瀚江水隔断的缺口。铁路局的工作人员有条不紊地指挥着，将火车车厢一节一节地拆分下来，依次送上汽船，运到对岸后，再按原本的顺序拼接起来。他们通知乘客，整个工序的完成需要六七个小时，在等待过程中，乘客们可以在附近浏览一番。

劳模们趁着这个机会，在南京乘船游玩。路过南京的农田时，黄宝妹远远地看到了农民赤膊劳作的场景，他们在拔节孕穗的水稻之间穿行，皮肤没有衣物的遮挡，被烈日晒得黝黑。她猛然意识到，感激毛主席、感激党还不够，作为一名纺织工人，她还要尽自己的努力，继续学习，继续钻研，总有一天让全国人民都穿上好衣。这才对得起党员的身份，对得起"劳动模范"这个光荣的称号。

黄宝妹已在纱厂工作了 9 年，为报答党的恩情而辛勤工作了 4 年。纺纱本身并没有变化，可心境却是不同的。这一日所见的农民赤膊劳作的身影，给予了她纺下的纱更深刻也更实在的意义，将她的劳动、与因她的劳动受益的人们紧紧地联系了起来。从"报答党的恩情"到"为人民纺纱"，前者是作为无产者的感恩，后者是作为共产党员的觉悟，从前者到后者的重心转移，便是一名党员的成长与蜕变。

艰难的课业：童年心愿的回响

新中国成立初期，中国约有5.5亿人口，文盲率高达80%，扫盲是新政权面临的迫切难题：新中国百废待兴，亟须一批具有一定文化水平的工人。工人不识字，不仅会极大地阻碍经济建设和生产发展，更是影响到工人阶级在政治舞台上发挥作用。

1950年，上海开展了全市范围内的扫盲运动，各个单位随后也陆续办起了夜校，弥补了无数人不曾进入学堂的遗憾。黄宝妹乘上了时代的大船，得到了受教育的机会。她积极响应，参加了纱厂主持的工人夜校的考试，默出20多个字，被分到了三年级。夜校每周设两节课，每节课一小时，一年升一级。三年级结束时，黄宝妹考试成绩出色，跳了一级，花了五年时间读到了初二。

在夜校的学习既是为了更好地识字，以习得更多纺织技能，也满足了黄宝妹读书识字的心愿。在她还是个孩子的时候，她被有形与无形的墙壁拦在了学堂之外，只能屈服于命运的安排，为温饱而奔劳；可在她成年后，不曾想过的好事接二连三地发生，那座原本遥远得难以触及的知识殿堂近在眼前，身边则是许许多多与她境遇相似的、求知的面庞。每学到一个新字，美好的未来似乎就近了一步；每学到一条新的知识，通向世界的大门似乎又敞开了一分。

在夜校的学习因一个意料之外的变动而中断。1960年，因市里的要求，黄宝妹参加脱产学习，暂时离开国棉十七厂，被保送至华东纺织工学院（即后来的中国纺织大学，今天的东华大学），在纺织工程系干部特别班就读纺织工程专业。这个班级开设的初衷，是要让劳动模范懂知识、有文化，能更好地成为工人的榜样，在岗位上发光发热。黄宝妹深感责任重大，可又十分忧虑，因为她是靠夜校才摆脱了半文盲的处境，识字晚，学习的时间还不长，底子很差，同班同学又都是干部，大多有着正式的高中学历。开学没几天，她就沮丧地确认了一个事实：华东纺织工学院的课程对她而言着实困难，光是要听懂老师在说什么，都非常吃力了。

黄宝妹接受了自己的不足，无奈地自认是班上30人中最差的学生，却也不想就此认输。她想出的办法是，上课的时候专心听，而且只听不记，以免分散注意力，等到下课之后，再找宿舍的室友记下笔记，牺牲娱乐与休息的时间，想尽办法追上进度。"他们做功课的时候我做笔记，他们睡觉的时候我做功课，这样辛苦得不得了。"这样读了一年，她都顾不上家，累得得了肺病，花了很长时间才休养好。

这些努力绝非徒劳无功，在第一年末的考核中，她成为通过考核的19人之一，获得了继续进修的机会。又过了两年，那个曾在学堂的墙外偷偷听课的小女孩，取得了在当时极为珍贵的大专文凭。这张证书不止证明了她两年的辛酸与心血，也是光荣的凭证：就算学习的底子很差，她也没有输给同班同学，更是没有输给自己。

2024年的夏天，黄宝妹坐在社区活动室中，再度讲起了这一段往事。她面朝窗户，落地窗的外面是来来往往的行人和车辆，澄澈的日光穿过玻璃落在了地上，留下一块块光斑。空调嗡嗡运作着，炎热的空气被阻挡在外。她曾度过了许多个像这样炎热的上午，房间里却不如今天这般凉快，只能一边淌着汗，一边拼命地记忆书本上的知识。经过在东华大学的进修，她在刻苦的学习中被潜移默化地打磨，训练自己的思维，磨砺说话的口才，了解世界的真理，真正成为一名有文化的劳动模范。想来在各色各样的人向她请教工作时，在退休之后为各界人士讲课的时候，在为街坊邻里调解矛盾的场合，她在大学中的学习所得都悄然发挥着作用。

精神的传承：为年轻人讲述学习的故事

1986年底，工作了40多年后，黄宝妹从车间退休了。退休后，她的日程依然满满当当，阐释了她如何践行"共产党员没有退休"的使命与担当。

她先是参与了多地多个棉纺厂的建设，以自己几十年的纺织经验，帮助工厂解决问题，特别是帮助了那些小厂发展起来。1994年，在上海市劳模协会的帮助下，她掏出1万元，牵头20多位离退休劳模集资成立了上海英豪科技实业公司，以帮助那些生活困窘的劳模及其家属解决难题。包括她在内的投资人，都不分红利，不求回报。上海英豪科技实业公司运营了十二年半，她就做了十二年半助人为乐的好事，一直到76岁时才正式退休。

平日里，黄宝妹也是街道的热心奶奶。小区高楼出现马蜂窝，安全隐患迟迟得不到处理，她就用自己的人脉寻求解决问题的渠道；街坊邻居因公共空间出现龃龉，她就找他们讲道理，做个令人信服的和事佬；疫情期间老人们不懂网购，买不到蔬菜，她就自己出钱买了一百份菜，由居委送到有困难的人家。她说，这是毛主席的教诲，"共产党员先人后己，不要把自己放在前面，要把群众放在前面，样样想到群众"。

除去帮助邻里，黄宝妹的晚年生活中还有一件大事——那便是完成习近平总书记交予她的任务。2019年11月2日，习近平总书记在杨浦滨江考察，交予了这位老人一个光荣的任务："你是中国改革发展的见证者、参与者、奉献者，你要多给年轻人讲一讲，坚定他们对中国特色社会主义的道路自信、理论自信、制度自信、文化自信。"黄宝妹将总书记交给她的任务牢牢地放在心上,刚从杨浦滨江回来,便马上投入到了这个任务中,她深入学校、企业、机关中,一次又一次地为年轻人们讲故事。

得益于年轻时的学习与所见的世面,讲课并没有难倒这位老人。即使在大礼堂中,面对成百上千的听众,她也不慌不忙,保持着自己的节奏,从她的童年、从裕丰纱厂讲起,一直讲到当下。她稍加回忆,便能从过去的经历中挑选出那些值得一提的故事——对她来说,这样的故事数不胜数。她有一回做了个记录,记录显示:2021年3月至12月间,她讲了79次课,平均每周都要讲两次课,最多的时候一天讲了三次课。

在回忆往昔的叙述中,她似乎回到了八十年前的黄浦江边,那里坐落着一座日资纱厂,红砖筑墙,屋顶是若干直角三角形毗连的锯齿状,在它们背后,还有两座高高的烟囱,如同咬向天空的獠牙。早晚的换班时分,一批纺织工人灰暗地被工厂吞没,而另一批则满脸倦色地被它吐出。现如今,老厂房或是被拆迁,或是被改建,或是留作纪念。昔日的裕丰纱厂,如今已成了杨树浦路2866号上海国际时尚中心。具有纺织厂特征的锯齿形厂房经过一番修缮,被保留了下来,内里却已成了现代化的时尚广场。

耄耋高龄的黄宝妹,见证了纱厂的变迁,见证了新中国七十余年来的巨变。许多见过的人、亲历的事,已成为历史的一笔记录,躺在浩瀚的史料堆中。中国已有了新气象,上海也与旧时大不相同。家家户户不愁没有米面吃,不愁没有好衣穿,饥渴冷暖早已不构成人们生存下去的阻碍,更充裕的物质生活,更丰富的精神世界,已成为当下的追求。黄宝妹坐在聆听故事的人们面前,微笑着回忆,滔滔不绝地讲述,感激她这一生得到的所有善意与帮助。她不说教,只是一遍遍地重复自己从党那里学到的简单又深刻的道理。纯粹的热情与真诚的高尚使她既亲切、又令人肃然起敬，听者也为她的讲述所感染。

她曾坐在夜校的桌前，一笔一笔地默写生字。她也曾身处大学生的行列中，对着艰涩的知识头昏脑胀。曾经的她为自己、为人民、为国家而刻苦学习与磨炼，如今的她站在无数年轻人的面前，用自己的故事描摹时代的变迁，明明未加督促，却有一种催人学习的力量。几十年前黄宝妹立下的"让人民穿好衣"的志向，可以说是早已实现了——就像国棉十七厂改建为上海国际时尚中心所象征的那样——但千千万万新的渴望、新的理想，还有待一代又一代的中国人拼搏。社会改变得太快，价值与风气尚未沉淀下来，年轻人们需要她的故事，需要知晓这七十年来的不易，需要学习她身上的纯粹与勤奋，也需要为几十年后的年轻人留下自己的故事……

从一名普通的纺织工人，到令人瞩目的劳动模范；从大学中仔细听课的学生，到课堂上将历史娓娓道来的和蔼奶奶，黄宝妹一次又一次的刻苦学习带来了内在的积淀，推动她的身份转变，带领她从台下走到台前。她学习的动力从何处来？自几十年如一日的纯粹与热忱而来，就如一支圆规，无论画下什么样的弧线，圆心都不曾改变。

唐小瑜：2000年生，上海大学文学院中国创意写作研究院2023级硕士研究生。

重固"小妹妹"的文艺梦
——文艺工作者张惠芳的故事

郑沁辰

  地铁驶上地面,不时经过一片片开发区,制造业的厂房顶着大招牌半晌才从窗外完全挪过去;商品房林立,大约有半数是还未入住的,崭新的气味时刻预备着新居民的乔迁之喜;然后是成片的绿色,那种火车逐渐离开城区后映入的景致,农田从这座都市的地下被翻上来。在上海,"地上铁"似乎总预示着城市的一些边际。从赵巷站下,这里是临近上海最西边的一角,沿着田间辟开的公路转公交,解放牌的半挂羊群似的伏在路边,车像邮差轻车熟路地走街串巷,路过刻有"重固镇"的石碑。

  我又按导航走过几条街巷,这里安静得像上海的一场梦。订奶铺子的卷帘门拉着,茶叶香烛店里一盏小白炽灯甚至不够照亮街口的货架。头顶的树叶合拢,不是悬铃木,是榆树,偶尔鸟鸣。我在重固成校门口等她。门卫爷叔探出头:"你是从哪里过来的?"一个女人在身后给他捶着背。"浦东",我答。二人相视笑笑:"是从上海来的啊。""地上铁"沿线的人们好像总是这么说。"到阿拉阿哥空调房里厢坐坐好了",捶背

本篇主人公张惠芳,1966年生,中共党员,自1982年进入文化站工作,投身重固文艺事业至今。担任重固"泉之音"故事会会长、青浦故事家协会副会长、重固成人学校和党群中心"学讲本地话学唱沪剧"课程兼职教师。第四届"美丽重固人"获得者,2022年上海市红色故事演讲大赛百位优秀"红色故事传讲人",2023年上海市"百姓学习之星"。

的女人起身出门房,走到街对过的家里去了。

一辆灰黑色的汽车在门口停下,她挎着布袋从后排下来。午间用餐,沿途的人们惊喜地和她打招呼:"小妹妹!来吃饭啊?""小妹妹,今朝哪能来这里啦?""小妹妹"黑色短卷发,一枚银亮的发卡斜别着,暖色扎染的裙子配精致的红色开衫。闲聊时,我问"小妹妹",你们会觉得自己是上海人吗?她说,我们好像都说自己是重固人、哪个镇人。但在下午的社区课堂上,"小妹妹"就以极老派地道的上海话,神圣地把海派文化传给"新上海"孩子们。"笃笃笃,卖糖粥……",开课前,"小妹妹"细声细气地唱着这首江浙沪地区广为流传的童谣,一旁腼腆的学生小妹妹也开口唱起来。夸张一些说,这只是她退休之后日程表的"百分之一"。"小妹妹"、"上海阿姨",这两个词,或许能在她身上让人联想到很多共通点:灵动、活泼、嗲……在这天将结束的时候,我最终感到,把所有形容词串起来的,是一股强大的韧劲。

一

我们走在重固镇的街上,黄梅天闷热,"小妹妹"的步伐很迅捷,要费点力才能跟上,她边走边在微信上处理着下午课程的事宜。馄饨店、卤味店、邮电局、小规模的商圈,五湖四海的方言,偶尔还有人和"小妹妹"搭上几句话。"小地方大家都认识。不过后来很多人都搬去青浦城里了,我也是。这里原来就是一片农田……","小妹妹"张惠芳边走边讲。

1966 年,张惠芳出生在重固镇。那时的重固镇,从头至尾不到如今的一半,放眼都是土地庄稼,人们以种地为生。张惠芳也从小跟着父母上田间地头干活,大人的活终归无聊,小孩子去了,更多的是想找到自己的乐子。属于张惠芳的"乐子",就是分散田间的高音喇叭。"里面的音乐很动听的!听广播里在唱,我就把歌词曲调什么的都记下来",于是田上电波唱,田里娃娃唱,日复一日,张惠芳学得有模有样。她后来知道,那是老一辈的沪剧艺术家丁是娥、邵滨孙、石筱英等人的歌声。张惠芳未曾想到,这一结便是一生的缘分,也是几度阴差阳错的开始。

1982年,张惠芳初中毕业之时,重固镇预备成立沪剧团。那是当时很多小女孩们充满向往的地方,和锄头泥巴打久了交道,谁不想能有机会打扮漂亮站上舞台,张口就是曲韵悠悠,也过一下精致舒适的生活。对张惠芳来说,这更多的是一次走向自己酷爱的沪剧的天赐良机,用她的话来说:"实在喜欢。"重固沪剧团的遴选很严格,先是青浦区的筛选,而后是上海沪剧院,几百人的竞争,最后留下了26人——差点是25人。凭借多年来田间的"训练",张惠芳清亮婉转的歌喉通过了层层筛选,直到最后一轮却让招生老师犯了难。因为张惠芳个子矮小,不符合演员标准,若不再长个,将影响舞台效果,斟酌再三,剧团拒绝了张惠芳。同学们为这个天赋异禀的小个子女生感到惋惜,向招生处几经争取,最终在临近暑假末的八月底,张惠芳如愿拿到了期盼已久的录取通知书。

她更加珍惜沪剧团的学习机会。培训由上海沪剧院的老师亲自指导,女孩们每天五点起床吊嗓,约一到两小时,而后是劈叉、走圆场等基本功训练,练多久,全凭自觉。尖亮的声音挤过声带,用力放大,肌肉的酸痛碾过韧带,游走蔓延,对这群毫无基础的孩子来说,是一场意志力的修行。有人从吊完嗓开始给自己"放假",有人始终刻苦。张惠芳是后者,从清晨到天黑,一直到大家一一散场。直到如今看张惠芳的台步,哪怕是业余观众,只要稍加留意,也能辨出其中的功底。老同学说,她是"聪明",张惠芳否认,"我不是聪明,也不是因为天赋,就是认真"。情窦初开的年纪,沪剧团的小情侣们出双入对,张惠芳只身沉浸在沪剧里，像个戏痴。"现在以前的老同事，他们都说我小时候一根筋，就是想唱，对外面的世界什么都不顾。我是真真切切地希望能在重固把沪剧唱好，在文艺领域有所发展，我一直是这样想的"，张惠芳说。

进沪剧团时，张惠芳不仅个子最小，年龄也比别人小，当同学们拿着选票去选举，17虚岁的张惠芳不明所以。那时，张惠芳体重不到100斤，凭着"小"而灵动，始终在戏里扮演丫鬟、女儿、小孩子等小花旦的角色。"就叫小妹妹吧！合适、亲切又上口！"当时的文化站陈站长给张惠芳起了这个名字。此后，唱戏和听戏的人们，都叫她"小妹妹"。

二

"花旦小妹妹"没唱两三年，便迎来了与理想的第一次擦肩。

整个20世纪80年代，改革开放带来的各种新型文艺形式不断冲击着人们，人们为了电视万人空巷，剧场前则门可罗雀。有的剧团留下的经费总共不到一千元，有的演员在饭店端起了盘子，曾经舞台上的"角儿"们褪了妆发，开始为生计到处奔忙。上海沪剧院院长茅善玉做上了服装生意、孙徐春下海开了饭店……许多沪剧团纷纷解散。在重固，也许什么都来得稍晚一些，但从不缺席。重固镇的小沪剧团，最终是难逃一劫。

昔日同事们分配进社办厂、文艺工厂，脚下的舞台变成缝纫机踏板，手里的团扇换作螺丝螺帽。文艺在这个小剧团里挣扎着苟延残喘，不过也由另一种新的形式"接管"——讲故事。与其看作一种"更新"，倒不如说是为了"活命"，比起沪剧，讲故事是一种省成本的方式。一台沪剧的完成，需要布景搭台、音响乐队、灯光道具、一人一角……什么都得有。故事员则一人一台戏，一个话筒一张嘴，演尽一群人的嬉笑离合，被称作"文艺轻骑兵"。由谁来挑梁？领导想到的是这个"小小的"女孩："小妹妹，你戏唱得那么好，能不能讲故事？"命运和张惠芳开了个玩笑，一心渴望的沪剧"清零"，但又留了一线生机——张惠芳得以留在文化站了。

怎么办？从头学。所幸还在文艺的领域。

没有老师，张惠芳自己摸索。她想到了田间的老"老师"——按照学沪剧的方法来。小女孩伏在桌上，录音机流出播音员娓娓的故事，暂停，播放，再暂停，再播放，天光渐暗，张惠芳竟把故事一字一句完整誊抄在纸上。背诵，倒带，播放，跟读，再背诵……每讲一个新的故事，张惠芳就按照这个流程从头开始，过完一遍，就可以惟妙惟肖地模仿磁带里故事员的声音和神韵。1985年，"小妹妹"重新登台的第一个故事，是在青浦县百花故事大奖赛上。那次，她讲了自卫反击战中的英雄故事，自觉莽莽撞撞地讲完，却一举拿下二等奖。几十年后，张惠芳回忆起来蜻蜓点水，让旁人听来默许是天赋。也正是这场比赛，为张惠芳"送"来了一生的恩师。

赛后，张惠芳被推荐至县里参加故事培训，也是人生第一次，她从电波外的听众变成电波那头的声源。由她在青浦广播电台录制的故事在"空中故事会"循环播放。青浦"故事大王"钱昌萍注意到这个"很好的重固小姑娘"，开始格外花心思培养这个好苗子。"讲故事和唱戏不一样，不能只靠背，你要先记下故事内容，再用自己的语言替换书面的语言，这样听起来才生动"，钱老师领着张惠芳走上了一条新路。从此，常常能看到一个小女孩，抬着头，变换音色音调，揣摩扮演着故事里的每个人物，"老人的声音低沉稳重，小朋友的声音明快亮丽""小孩面对大人讲故事，要抬着头""'气得不行'怎么表现？你用劲一跺脚一摊手！这不就急起来了！"次年，她带着钱老师亲自创作的故事，接连在江浙沪及青浦县的各级比赛中拔得头筹。

张惠芳成了文化站的业务骨干，开始和故事队一道在青浦地区"巡讲"。有时候是到田间地头,有时候是进社办厂。故事队的故事以本地烈士、先进事迹为主,一半时间讲故事,一半时间采风:就地取材,再叶落归根。每月几次,故事队前往"阳光之家",残障人士们不论年龄,一听班主任讲故事队来了,个个整齐落座,像翘首以盼的孩子等来了礼物,笨拙又热烈地鼓掌。讲起这些,张惠芳眼底像映着当年,似乎自己身上的"玩笑"不曾存在,她接过了新的使命。文艺工厂的活占了大头,"小妹妹"出去讲故事时,哥哥姐姐们照顾着,常帮着她完成一些流水线上的任务。

"小妹妹"也还是会唱戏,但极少。此后,听故事的人们,都叫她"小妹妹"。

三

"文艺"是"小妹妹"一直以来的梦,如今在文艺工厂渐行渐远。她想改变。

1996年,重固广播站原播音员岗位调动,新岗要求播音员沪语播送,张惠芳唱沪剧、有基础,也学故事、会播音员的范儿,她得到了这个机会。这离心中的文艺梦,说近也近,说远也远。张惠芳的声音第二次在电波那头、重固上空响起:"重固人民广播电台现在开始广播……"她离她的"沪剧梦"开始的地方两次那样近,却没能契进那段音频,第一次是讲故事,第二次是播音。播报不用背稿子、不用演人物切音色,更不用吊嗓走台步,只是成日照稿子念,唯一藕断丝连的似乎就是沪语发音带来的熟悉感。但所幸,也还在文艺的领域。

命运的第二个"玩笑"不偏不倚地来了。

2001年,有线电视完全替代了高音喇叭,重固广播站与重固文体中心合并,原文体中心财务调任领导班子。这次,"年轻、做事踏实"

成为张惠芳的新标签，新的财务岗由张惠芳接任，领导叫她"小张"。"小张"的财务生涯，延续了整整 20 年，直到退休，是在沪剧团的十倍。前十年，"小张"整日面对发票、报表和账本，不再需要"训练"和"努力"。工作的时间不长，日子却过得更长。早八点多出门，步行十分钟，八点半开始工作；四点半下班，再看十分钟天光，路过日复一日无二的街景，回到家，两点一线，洗衣做饭的间隙，放声唱一两支沪剧。十年来，她与文艺唯一的勾连，是单位的名字。中心偶然安排讲故事，"小张"还是会上，"但这样的机会很少。说真的，那时候就这样老老实实干，我觉得自己好像也不指望还能讲故事、还能唱戏了，也不会去想"。

那是文艺给她的再一次回响。

2011 年初，张惠芳 45 岁。为了丰富镇里的活动形式，沪剧又一次返回重固。领导说："老张，你沪剧唱得这么好，为什么不成立一个剧团呢？"于是，"泉之源艺术团"在中心领导的支持和"老张"的负责下成立。艺术团排的第一台大戏是《大雷雨》，团队是业余的，沪剧老师是上海市配送的。"老张"重新领回阔别已久的"花旦"，模仿从广播变成了视频，她一遍遍地看自己的角色，一遍遍背唱段，重操旧业，有时竟恍然感到陌生：自己的记忆力不再是"小妹妹"时期那样游刃有余了。有时唱到一半卡壳，调还在脑子里，词却想不起。但沪剧怎么也听不腻、唱不腻，于是一咬牙，看更多遍，也强迫自己背更多遍。每晚吃过晚饭，六点到九点，是大家集中排练的时间，双休日也练。除了参演，"老张"还负责乐队、道具、演员餐食的联络，工作量陡增，日子却过得不慢。"又开始唱戏了！那时候好像整个人都又年轻了"，说这句话的时候，张惠芳的语调都还跳跃着。

就像一种冥冥中的复刻，文艺生活返回时，紧随沪剧的还是故事。"老张，你还这么会讲故事，我们成立一个故事沙龙，你来带大家写故事、讲故事",领导又说。这一次,"老张"拒绝了。上下班排得满满当当,年纪又不比当年,似乎还有些什么尚未明晰的东西拉扯着她,让多年后的"老张"再没法像当年那个"小妹妹"那样一口答应下"陈站长"的要求。领导去了又回,思来想去,还是再三来做"老张"的工作:

"老张,你故事讲得好。"

"老张"望着领导。

"你懂故事,我们沙龙需要一个有出色业务能力的人。"

"老张"笑笑不语。

"别人去,人家不服帖的,你讲,你能说服大家。"

"老张"想想,一咬牙:"我辛苦一点,也没啥。"

次年,"泉之音故事会"成立,钱昌萍老师担任顾问。"老张""亲征",去重固镇十几个村"招兵买马"。新联村的周桂芳是其中之一。周桂芳刚来,慢条斯理的,也不太笑,像有不少心事没解开。培训班上了几节,周桂芳和张惠芳说:"小张啊,我不来了,讲故事太难了",周桂芳叫她"小张","这故事看得我头都痛呀!记不牢呀!"几乎是肌肉记忆,张惠芳脱口而出当年钱老师的话:"讲故事不用死记硬背,把内容记下了,前面的忘记再拎回来讲嘛",她接着轻快又坚决地补上一句:"我看好你!我看准的人,不会错的!你过来讲,不要急,我们慢慢来。"

每周三是张惠芳策划的"泉之音"培训日,上午讨论故事,下午讲故事。所谓培训,更像拉家常,大家坐下来聊着,把最近身边发生、听闻的事凑在一起,有的事一抛出来眼前一亮,就你一言我一语地汇出故事来,最后由团队里的故事创作老师形成文本。张惠芳像钱老师那样,有时言语一句,抓出生动的细节来。和几十年前一样,故事队也采风。小镇上采风,往往是熟人人脉,寻到人容易,但有时候,一个故事人物，也要走好几个地方。

一次，故事队采写重固抗战烈士沈慰萱的故事。沈烈士的女儿恰巧是张惠芳的小学语文老师，多年以后师生二人再见，竟是故事结缘。"沈慰萱的女儿是遗腹子，她出生之前，父亲就牺牲了……"回忆时，张惠芳几次试图重启这个故事，都被翻涌上来的泪水哽住，"她对父亲的印象，也是听来的……"，平息好一阵，再没能讲下去。为了拼凑出沈慰萱完整的故事，张惠芳前往他的故乡章埝村寻访，又听闻徐姚村有人知晓他的故事，前去拜访。几百个故事下来，张惠芳走完重固，走过金泽、练塘各处，几乎走遍整个青浦。

"张老师教故事，会像钱老师那样吗？"我问。

"别人听故事的时候，也是在看你的为人，她教会了我们做人"，周桂芳先回答。现在，周桂芳自己带领的文艺团队，是青浦开放大学的优秀团队，"以前我总觉得命运对我很不公平，跟着她以后，好像慢慢觉得有奔头了，到处都是阳光，哈哈"。

镇上的老人们爱听历史故事，像当年的"阳光之家"那样盼着"泉之音"。但二十余载后重回台前，张惠芳好像第一次感到害怕了，或许也是当时的犹豫中牵动她的那根线："年纪小的时候讲什么都不怕，过了那么长时间，又有了知名度，心里倒是紧张了。"

看戏和听故事的人，还叫她"小妹妹"。他们中的大多数，都曾在年轻时看过"小妹妹"的表演。

四

退休后，张惠芳同时担任青浦故事家协会的副会长。问起钱老师，当然仍在联系。故事还能旧瓶装新酒吗？怎么注入新鲜血液？张惠芳应邀为小朋友们开设了讲故事培训暑期班。"老师，什么时候放学？"上课

5分钟，孩子举手问的第一个问题。第二个，是上课10分钟："老师，可以上厕所吗？"有个小男生"坐得住"，结果是另一极端：不愿开口说一句话。这般大的孩子有什么法子教呢？张惠芳有点头大。斗争一番，张惠芳决定：慢慢来，耐心点。当年"小妹妹"仰头对着大人讲，现在"小妹妹"俯身对孩子讲，"小妹妹"讲故事终究是吸引人的。从刚开始的坐不住，到后来的挪不开眼，不过短短几节课。结课时，"坐得住"小男生的妈妈买来一捧花送给张惠芳："张老师，真的很感谢，孩子平时在家都不肯讲话，现在胆子大了，肯发言了！"张惠芳的眼眶又涌起一股暖流，"阳光之家"的气息再次游进她心里。

如今，在张惠芳的各种宣传事迹里，"沪剧"也总是被"故事"多盖过一些，好像半生的阴差阳错，唱沪剧从主业成了业余，讲故事从临危受命成了主业。只有"小妹妹"知道，如何权衡轻重，又要守着什么。退休前，领导讲："老张，你还是负责我们的故事队吧。""老张"讲："我有点遗憾，我太喜欢唱戏了。"

和张惠芳通的第一个电话，听筒那头是比她说话声更大的戏曲声，"我们下午有场演出，晚点打给你啊"。如今，她在成人学校从事沪剧教学，也排很多折子戏。上过张老师课的小朋友们，最终都能学上一首《红梅赞》。我问："沪剧和故事，一边是对文艺的热爱，一边是对文艺的责任。"张惠芳应声点了一下头。

我预备问张惠芳是否有退休焦虑，看来，张老师没有时间焦虑。"我计划好的，退休之后和姐妹们去全国各地旅游呀，多潇洒！乃么根本出不去，比退休前还忙！"张惠芳一边往下午教学的社区赶路，一边咯咯笑起来，"今年唯一一次去的是绍兴，就三天，还在上海边上！"张惠芳的朋友圈里，都是精心挑选的穿搭、色彩明艳的"九图"和缀满彩色"emoji"用心编辑过的文案。她受到越来越多的教学邀请，为此，张惠芳甚至花了数月，经历过一次失败，考出了教师资格证。"还是要花点功夫的噢",张惠芳推推眼镜。所有的活动,张惠芳不在乎有没有报酬:"邀请我,是看得起我。没有报酬,我也会去讲的,我开心的呀!我女儿一直说的,妈妈很幸福的,能做自己想做的事!"张惠芳又笑起来。

或许这之中,有她自己都未意识到的一种韧劲。在前半生的几次"擦肩"中,看不到张惠芳有过分的执拗。她与文艺,像两条时而交错又平行的轨迹,大半时间,看似随遇而安地"各行其道"。但机会一闪,张惠芳就可劲地抓牢;回归平淡,张惠芳就定定地等。年少时的梦飘远又兜兜转转地最终回到身边,她从未停止过靠近的步伐。

在社区的沪语教学结束,已是下午三四点,领着零基础的"新上海"孩子们一遍遍地朗读上海话,近一个半小时,张惠芳的声音仍然响亮,眼睛闪光。下楼的间隙,我甚至有点跟不上她的步伐,"张老师是'高能量'人啊",我说。张惠芳又咯咯笑起来。走出小区,张惠芳说一个多礼拜之后,自己还有一场大戏要排,叫《挑山女人》。要告别了,"您怎么回去?"我问。"我老公来接我的","小妹妹"的声音有点小了下去,又透出一种雀跃的颤动。早上那辆灰黑色的汽车停在门口,是"老蔡"。

公交车站被蝉鸣和对面的田地簇着,发往赵巷站的1502路车20分钟一班,车程也是20分钟。从赵巷回"上海",要转4班地铁。算来,"上海"到重固的距离约4班地铁加40分钟车程,合计两个半小时,有时更久。就在这个地方,重固"小妹妹"走了五十多年,往后还会更多,1502路公交车上只有我、司机、一个抱着孩子的女人,榆树叶在头顶合拢又敞开,因为她始终在这个小小的镇上守着那个美丽的梦。

郑沁辰:2000年生,上海大学文学院中国创意写作研究院2022级硕士研究生。

在地面飞行
——机务工程师王俊的故事

琚若冰

连绵不断的黄梅雨后，数十只黑鸟停落在空港一路的行道树上，几乎静止不动。而不远处，数十架白色飞机栖立在上海虹桥国际机场的停机坪上。不时有一架凌空一跃，尾气划过灰蓝的背景，绘就出机场上方特有的大环线航迹云。停机坪南侧的铁网门轰然打开，一架公务机在牵引车的引导下，缓缓驶入上海霍克太平洋公务航空地面服务有限公司的一号机库。

霍克太平洋公司是湾流、达索等多家公务机厂商的官方维修点。两个机库，八千多平方米，可以同时停12架小C类公务机，兼顾停库、维修、保养等多种业务。机库内，几位身着荧光绿马甲的工程师早已就位。站在最前方的那位，戴着黑色半框眼镜，手执操作流程表，不时抬头观察机身，从工具箱中掏出折动镜和塞尺，逐一排查勾画。他就是霍克太平洋公司维修生产部工程师、机库经理王俊。

1981年出生的王俊今年43岁，是霍克太平洋公司工程师里的"元

本篇主人公王俊，1981年生，中共党员，大学本科学历，高级技师，现任上海霍克太平洋公务航空地面服务有限公司维修生产部工程师、机库经理。2003年参加工作，2004年从事民用航空器维修工作至今。2010年加入公务机公司，协助公司取得中国民航总局民用航空器维修单位资质，成为中国首家公务机维修领域独立第三方维修单位。2020—2021年相继荣获"上海市劳动模范""上海工匠""上海技术能手"等荣誉称号，2022年上海市"百姓学习之星"，2022年全国"百姓学习之星"，2023年当选上海市工会十五大代表。

老"。转动千斤顶,锁紧螺母,确认起落架安全销在位,摇动手摇泵,将飞机缓缓顶升抬高,提起白色起落架操纵手柄,起落架在距地面10厘米处缓缓收上,这是机务工程师能"飞行"的最大高度,却是王俊几经曲折才抵达的终点。

志愿表里的海报

2000年春,19岁的王俊正站在弄堂口的阴影处,低头盯着老师发的空白志愿表。

根据当时的上海市高考政策,学生必须先填好志愿,才能参加高考。志愿表上列满一二三四五的排序,但在王俊心中,未来仍是不确定的零。零,意味着平均。王俊对所有学科都是平均的感情,没有偏爱,没有讨厌。所有学科的成绩也同样平均,没有突出的好,也没有明显的差。

然而,在父母看来,王俊已经是家里高中学历的"零"的突破。王俊父母成长的年代,初中学历已是不易,遑论高中学历。自从王俊上高中后,父母亲自知经验有限,加上工作繁忙,很少管束王俊的学业发展,"反正你现在已经比我们强多了"。饭桌上,父母偶尔也会问王俊想考什么学校,他总是摇头说不知道。他并没有什么非去不可的学校,也没有什么非学不可的专业,没有梦想导致的迷惘让志愿表变得无边无际。母亲说不然就考与他们工作相关的,说不定以后还能帮帮忙。王俊的父亲是有机氟材料研究所的技术人员,母亲是中国科学院上海应用物理研究所的行政人员。据说很小的时候,王俊就被他们带到各自的单位"玩"了一圈,但王俊早就忘了。对于父母的工作,王俊对专业并没有太大感触,就如同他这十几年的岁月,"按部就班,平平无奇",谈不上喜欢,也谈不上讨厌,永远保持着零的缄默。

一滴雨滴到王俊头上，王俊抬起头眺望着弄堂上方露出的狭窄天空。不远处，一向加班晚归的父亲蹬着单车，兴奋地冲他挥舞着一沓海报。那天下午，父亲偶然听到虹口体育场正在开设高考招生宣传专场，连忙请假从浦东骑到虹口体育场，逐一收集每个学校的招生海报。"也不知道你喜欢什么，我都拿回来了，你看看有没有喜欢的学校？"父亲笑着将海报塞给王俊，汗珠重重砸到王俊手上。在那厚厚一沓海报中，一张深蓝色的海报格外突出。海报上，身穿蓝色工服的年轻男孩环抱双手，英姿飒爽地屹立在巨大的白色飞机前。好帅！王俊翻来覆去地瞧着那张海报，停机坪、飞机，这些日常生活中很少见到的图像，仿佛带有与生俱来的魔力，吸引他走向一条从未触及的飞行之路。

在接近天空的地方学习，会是什么体验？关于未来的朦胧猜想让王俊不由雀跃，对飞行的渴望如草种爆裂，弹射至空白志愿表的顶端，零的平衡自此朝天空倾斜。王俊庄重地将海报贴在卧室的墙上，热烈地期盼着第一志愿上海工程技术大学的录取通知书。然而彼时，上海工程技术大学还未开设飞行专业，王俊只能报考机场设备运营管理专业。但他并未感到沮丧："只要与飞机有关，都很特别。"

王俊入学这年，正是上海工程技术大学开设机场设备运营管理专业的第一年。按照其他专业的开设惯例，会在第二年邀请相关企业进行校企联动，安排学生进行专业实习。第二年的9月，王俊刚刚走进教室就被告知，学院决定将机场设备运营管理专业的全体学生转换专业方向，毕业时增发辅修证书。关于这个决定，学院并未有过多解释，但王俊却暗自兴奋，因为这次意外的转向，让他得以接触到飞机维修领域。

翻开飞机维修的专业书，看见各式各样的结构图，王俊的眼睛立刻亮了起来。机场设备运营管理主要是侧重机场设备的运行，课程多是机场理论知识，与飞机的实践关联较小。相比之下，飞机维修更能吸引王俊。

现代飞机的飞行离不开精密的器件，机械羽翼内部任何细微的问题，都可能造成整架飞机的故障。如果说飞行员是飞机的掌舵者，把控着机翼的飞行方向，那么，机务维修工程师便是飞机的护航者，用工具箱护卫每一架飞机安全飞行。机务工程师必须练就见微知著、明察秋毫的本领，从异常的细节中扼杀灾难的苗头。从某种角度而言，机务维修工程师更像现代飞机的隐形羽翼，虽然不受镁光灯的青睐，但却无闻地守护着每一班航线和每一架飞机。

过往的二十年里，王俊从未发现过自己在航空维修上的兴趣和天赋，然而当他在实践课上拿起零件时，一切就如同经历千百次演练般自然地发生。很快，他便喜欢上这个专业。

毕业前一年，已经工作的学长回校宣传，向大家分享在航司的维修工作经验。王俊坐在台下，艳羡地注视着神采奕奕的学长。他意识到，自己才刚刚触摸到海报的一角，只有从事相关工作，才能真正成为海报里的人。

无法延展的电话线

2003年7月，王俊毕业，全班仅两位同学的毕业设计获评"优秀"，他是其中之一。但他没有想到的是，此后半年，他却成为那个没有找到工作、掉队的人。

不断投递简历，不断石沉大海。收到最多的回复是："受疫情影响，我司暂无多余岗位。"尽管7月世界卫生组织已经宣告"非典"疫情结束，但"非典"对经济的影响犹存，王俊与全班一半的同学，都找不到专业对口的工作。几度心灰意冷的王俊回到家，忽然接到一个电话。学校在统计毕业生就业去向时，发现王俊还未找到工作，决定将他推荐到机场附近的一家进出口货运公司做客服。做客服？有工作总比没工作强,这是王俊最好的选择。

平心而论,这是一个稳定的文职工作,不用风吹日晒,无须昼夜颠倒,同事之间相处融洽和谐,工作氛围自然放松。然而,王俊却时常感到落寞。这种心情,在他通勤路过航站楼时,尤其强烈。他总是低头快速走过航站楼,生怕撞上同学,尽管他知道同学们都在遥远的机坪工作,根本不可能见到。走出十几米远后,他不舍地回头,眼神复杂地看向航站楼的方向,随后匆匆地走进货物公司的办公室。

一间不大的办公室里,挤满了若干办公桌,每个办公桌上都配有一台电话机。王俊的工作便是接电话与打电话,及时反馈用户信息。几乎一整天,他都被困在电话机边,左手拿电话,右手查看电脑里的相关信息。同学们的消息不断弹了出来,班上有一半同学进入航空公司工作,他们正在热火朝天地讨论着,今天又见到哪架飞机,今天又飞了哪几个城市。他们的足迹已经遍布全国各地,而自己的足迹却局限在无法延展的电话线边。这间安稳的办公室,为他遮风挡雨的同时,也成为无法高飞的牢笼。他看着电脑屏幕上的飞机图片想:"多可惜,当初那么辛苦学这个专业。"后来,当王俊在机务维修的专业道路上越走越远,他总将其归于办公室的这一年,找工作难,找到专业对口的工作也难,所以要珍惜机会,这也是他之后努力进修、提升自我的原因。

搜索、浏览相关飞机维修岗位信息,成为王俊每日闲暇时间为自己增加的功课。忘记了是搜索的第几百次,那页似乎静止的网页终于更新,上海航空有限公司向社会公开招聘工作人员。一潭死水的生活重燃学习的生机,王俊开始了隐秘的备考。扎实的专业功底减轻了王俊备考的负担,很快,他就在公示名单上见到了自己的名字。那天下班,他有条不紊地收拾好私人物品,告诉领导:"我下个月不来了。"领导诧异地问:"你去哪?"他坚定地答道说:"去航司,修飞机。"

报到时已近初冬,中队还未来得及发放制服,王俊只能向早已进中队的同学借制服。作为航线机务，王俊的工作场所就是在停机坪。几架飞机正在起飞，起落架收上，飞机底部传来两声巨响，随着引擎转速的增加，寒冷的引擎气流扑面而来，王俊忍不住打了个哆嗦。身边的同事都穿着冬季夹棉制服，王俊身上的秋季制服被风吹得鼓鼓囊囊，钻满初冬的寒气，他不断跺脚想要驱走寒冷，眼睛却热烈地张望着周围的飞机。看着眼前清晰可见的飞机，他想，自己终于成为海报上的人。

三天后，王俊发起高烧。他昏昏沉沉地躺在休息室，来送药的同学问他："后悔来做机务吗？"额头上顶着湿毛巾的他说："不后悔。"

停机坪上的练习册

2007年一天的深夜两点半，王俊站在一架CRJ-200飞机前，收拾着维修工具。从晚上八点半到现在，他已经工作了六个小时。清点完工具，他匆匆赶到休息室，迅速闭眼躺下。早晨五点半，王俊起床洗漱。六点，王俊抵达停机坪，开始准备另一架飞机的航前工作。六点半，航前工作结束。王俊在停机坪随便找个位置坐下，顺手从裤袋中掏出一卷皱巴巴的练习册，他正在自学备考中国民用航空器维修人员执照（CAAC）。

彼时，如今的中国民航大学开设了专门备考CAAC执照的脱产培训课程，每年分给航线中队的名额有限。由于进入中队的时间晚于同期，王俊的排队顺序也远远落后于其他人。这样等下去，不知等到猴年马月。根据民航法规规定，维修人员只要满足两年的维修经验，就可以自学备考CAAC执照。不过，CAAC执照自学备考难度较大，获取CAAC执照考试的历年真题、考试经验等信息渠道较为不畅，选择自学备考的人少之又少。王俊想方设法，托人帮忙买来教材。CAAC执照考试分为笔试、口试、实作三部分，其中笔试就有十一个模块，七八本教材。按照航司的工作要求，航线维修主要是针对飞机进行航前、短停、航后检查。一天中，王俊要执行四架次的维修工作，他只能抓住在航线上班的空闲时间学习。从 2006 年年底开始，王俊便时刻揣着练习册，准备随时随地掏出学习。

2007 年 9 月，王俊和妻子结婚。坐在去青岛蜜月旅行的飞机上，他不好意思地朝妻子笑笑："马上要考试了，我得看看书，考过了就能涨工资，到时候给你买礼物。"随后，王俊从裤袋里再次掏出一本练习册，拿着笔勾勾画画，嘴里念念有词。

直到所有教材均已翻烂，王俊顺利参加并通过了笔试和口试。笔试和口试的地点都在浦东机场附近的东方航空股份有限公司，王俊需要经过曲折的一个半小时，更换三次公共交通，才能抵达东航公司的考场。

考场外的地上坐满了人，王俊就在其中。他已经等待了八个小时，其间，只喝了一瓶水，再无进食。早上八点抵达考场后，他便从口袋中掏出教材，聚精会神地翻看着例题。偶尔累了，就在门口询问考完的考生考了哪些题。若是运气好，考生便会分享，若是运气不好，不免要见到一些冷脸。通过看题和蹲题，王俊相对熟悉了考试的流程。

与笔试相比，高密度、低通过率的专业口试是 CAAC 考试的最大拦路虎。口试在一间僻静的小办公室进行。二十平方米的正方形空间里坐着三位主考官，考生需在主考官对面的电脑前抽好题。口试题是随机抽取五道题，通常是一道法规题、一道人为因素题、两道系统题、一道发动机题。考试时，考官并不会局限于抽到的字面题，而是由题面层层深入，不断发散追问，因此虽然只有五道题，但其实是五组套题。抽到什么题，考官会问什么，一切都充满不确定。很多人通过了笔试，但多次无法通过口试，最终只能看着过期的笔试成绩徒呼奈何。

至今，王俊都记得口试时有一题答出了五点，还剩一个小点忘记了。考官着急地启发他："HPTACC 是什么？"幸好，王俊对此滚瓜烂熟,他自信地回答:"高压级涡轮主动间隙控制。"这才有惊无险地顺利通过了。从考场出来后,王俊立刻给中队领导和家人打电话。电话里,他兴奋地说了两个字:"过了!"

11月,王俊前往昆明参加脱产培训OJT(ON JOB TRAINING)实作。一个月后,他带着十几张成绩单申请CAAC执照。执照寄到单位,王俊惊喜地拆开,却看见了一张陌生的相片。原来,同单位不同的部门里,还有一位同名同姓的王俊也考取了CAAC执照。不过,两人考取的项目却不相同。王俊想办法和另一位王俊取得了联系。

那天凌晨两点,两个此前素未谋面的王俊在机场的停机位见面,交换了寄错的执照。上航取消执照送读政策后,自学备考通过的他们都成为率先获得授权的幸运儿。他们揣着各自的执照,走向了不同的飞机。

蒙特利尔的年夜雪

2010年2月6日,一架从上海出发的航班飞向加拿大。一个男子坐在坏了的电视屏前,扭头望向窗外发呆,云层下是一望无际的太平洋,这是王俊第一次出国。

几个月前,王俊意外浏览到霍克太平洋公司的招聘启事。当时,王俊已经做了六年航线维修,从一线维修现场调入航线技术科,工作待遇改善。然而部门人员众多,能为王俊提供的上升空间有限。霍克太平洋公司刚刚成立,是国内最早专注于公务机维修的公司之一,王俊敏锐地意识到霍克太平洋公司的发展潜力,作为中外合资企业,它具有丰富的国际业务,有助于拓宽国际视野。刚好,王俊此前熟练掌握的机型CRJ-200也能作为公务机运营。因此尽管父母与妻子都在劝阻,王俊仍然毅然决然地辞职,加入霍克太平洋公司。

层层过关斩将后,王俊的第一个任务是去加拿大蒙特利尔接受机型培训。机型签署授权关系到维修工程师的修理权限，只有获得某项机型授权的工程师，才有资格维修该机型飞机。此前，王俊已经获得波音767-300和CRJ-200的机型授权，但两者主要是民航客机，与公务机还有不少差异，王俊必须要再获得公务机机型的授权。

当飞机终于抵达蒙特利尔，王俊走出舱门，忍不住打了个哆嗦。上海冬天的最低气温一般在零下五度左右，此时蒙特利尔的气温却在零下二十度。大雪纷纷扬扬落下，王俊艰难地背着包走在路上。周遭空无一人，积雪越来越深，逐渐淹没他的膝盖，仿佛天地间只剩下他在独行。更糟糕的是，王俊定的汽车旅馆在高速公路旁，附近没有生活区，连吃饭问题都很难解决。不知走了多久，王俊才找到一家店，买了些充饥的零食。

回到酒店，他的裤子几乎湿透了。透过玻璃窗，他看见雪花依然不管不顾地飞舞着，路上依旧见不到一个行人。疲累的他收拾好行李，躺在床上，很快便昏睡过去。在失去意识的最后刹那，他才猛然想起：今天是小年夜，本该吃些汤圆。

在蒙特利尔的开篇不算顺利，培训涵盖一百多个章节，每天从早到晚封闭管理，老师几乎都说法语，即使讲英文也带着浓重的口音。由于时差问题，到蒙特利尔的前两天，王俊都在昏昏沉沉中度过。恰巧，班上还有一位来自北京的同学，他租住了一套公寓，附近是居民区，基础设施便利，但房租不菲。见他在为高额房租烦恼，王俊立刻询问他是否愿意合租，两人一拍即合。

搬到居民区后，王俊的生活质量大大提高，也渐渐融入培训课程中。由于公司处于初创期，王俊和其他成员还肩负着草拟管理方案、申请中国民航总局民用航空器维修单位资质的任务。白天的课程结束后，王俊还要抓住间隙写申请草案。久违的充实让王俊更加坚信，自己做了一个正确的决定。在航线技术科的工作平稳，但也容易让人迷失在任务中，产生倦怠。加入新公司，学习机型授权，学习写流程草案，王俊又重新点燃了学习的热情。

大年三十那晚，王俊和同学们在公寓里一起做了顿年夜饭。三个月后，王俊又赶赴美国参加机型培训。截至目前，王俊已经获得九种公务机机型授权。

达拉斯的漫长等待

"你为什么来考试？"

2013年，美国联邦航空局机体与动力装置维修执照（FAA）在达拉斯的授权单位办公室内，金发碧眼的外国官员正在询问王俊。

从上海到达拉斯，飞行12 445公里，只为了一场考试，为什么？王俊的思绪回到一年前。

2012年，霍克太平洋公司的维修团队组建完毕，在国外培训的同事们陆续回到公司。他们中，已经有多人考取FAA执照。霍克太平洋公司承接全球业务，FAA执照具有广泛的全球认可度，在国际航班的维修上更具优势。王俊想，自己也得有个FAA执照，这样才能在维修道路上走得更远。

FAA执照的备考内容分为动力装置、机体、概述等部分，相较于CAAC，FAA囊括了木制飞机、早期现代飞机等古老型号的飞机知识点，需要学习的内容更加繁杂。同时，FAA掺杂了很多专业英语词汇，学习难度较高。从那之后的半年多时间里，王俊开始了早起晚睡的刷题生活。等到胸有成竹后，他才联系中介，预约到这次来达拉斯参加FAA考试的席位。

一天前，达拉斯的同一间办公室，另一位中国考生在许可面试环节被刷。幸好，这一次，标志许可的公章盖在了王俊的考试申请单上，这意味着王俊可以正式开始FAA考试环节。

FAA执照考试照例是先考笔试，这对刷题千百遍的王俊来说，一切尽在掌握中。与CAAC不同的是，FAA的考官是个人考官，需要在笔试完成后，再次预约考试时间。王俊预约到的考官是七十多岁的老头，笔试结束后，考官吐掉嘴里嚼的烟叶，用浓重的得克萨斯口音告诉王俊："这段时间都已经被预约满了，我只有五天后有时间，你可以接受吗？"按照王俊的原计划，在达拉斯停留四天，前三天考试，最后一天游玩。考官的这番话无疑给王俊的计划带来波折，他不得不改签了返程机票，在达拉斯多逗留五天。

达拉斯位于美国得克萨斯州，是美国南方第一大都会，有第六层博物馆、重逢塔等诸多景点，但王俊都没有去过。达拉斯的九天时间里，他都待在酒店，哪儿也没去。千里迢迢远赴海外考试，物质成本、时间成本较高，多待一天，便要多交一百美元，一旦没有通过，一切都打了水漂，后续的考试之路只会更加波折。这些时日，他焦灼地捧书备考，祈祷口试顺利。口试分为一百四十多个模块，每个模块都必须达到百分之七十的分数，如果没有达到，考官会增加一道题提问，如果答错，整场考试宣告结束，考生短期内也不能再预约。这些都给王俊带来压力。

终于到了口试这天。从早上八点半开始，除了上厕所，其余时间王俊都在答题。等到一百四十四个模块全部问完，已经到下午一点。口试考场旁的棚子里，停放着两架螺旋桨飞机。考官走到其中一架前，直接拿起锉刀敲裂螺旋桨叶片，说："修吧。"王俊检查了叶片损伤程度，思考着打磨半径弧度，接着在工具车挑选出合适大小的半圆锉刀，一点一点打磨出圆润的弧度。半小时后，考官露出了满意的微笑，当场签署了一张临时的FAA执照，交到王俊手上。当他捧着薄薄的执照，内心的喜悦溢于言表，这表明，达拉斯的漫长等待没有白费，从此他具有更高的机型维修能力和机型维修权限。

几个月后，一张银行卡大小的 FAA 正式执照寄到王俊手中，同那张临时执照一起放在王俊办公室的抽屉里，等待着随时出示以证明王俊的维修资质。

穿透黑夜的铃声

2024年6月28日晚，王俊正躺在家中。忽然，一阵急迫的手机铃声响起。原来，一架湾流 G650 公务机在空中发生发动机右发交流发电机失效故障，落地虹桥机场，请求紧急抢修支援。三天后，这架飞机急需起飞，抢修刻不容缓。

作为湾流的授权服务中心，霍克太平洋公司常年有专人保持二十四小时邮箱畅通。在收到该公务机的请求支援邮件后，霍克太平洋公司便立刻联系相关工作人员，组成涵盖工程师和机械员的维修小组。

接到消息后，王俊与同事们临时开了个线上会议。飞行需要飞前会议、飞后会议，维修同样如此。维修前的线上会议就是一次生产准备，主要是讨论故障可能出现的问题以及相关的解决方案。尽管大家的工作资料都在公司，但在临时会议中，每位工作人员都详尽地根据理论与过往案例进行分析，这既取决于他们丰富的工作经验，也表明在日常工作外，他们都在自觉吸收和学习相关专业知识。很快，他们便根据推测的可能进行排兵布阵。宝山、杨浦、闵行……住在上海不同区的人们纷纷朝公司赶去。

夜色深浓，霍克太平洋公司的灯渐次亮起。同事们站在两张白板前，右侧的空白白板用于日常的问题分析，左侧的白板是维修工作登记表，每次维修的日期、机型、飞机注册号、出现故障部位、工作人员数量等信息都被依次记录。白板上是一张巨大的中英双语标语，上面写着"遇到问题：停一停，想一想，问一问"，这是公司自行设置的标语。在王俊看来，飞机维修工作既不能太快，也不能太慢。如果太快，很容易思虑不周全，实践操作中状况频出，甚至导致更严重的故障；如果太慢，维修效率就降低，影响后续航班运行，同时也增加了客户对飞机的使用成本。

另一边的墙上贴着中英文的生产控制流程图，航空维修手册将维修行动分为具体细碎的诸多步骤，每一步骤都需要工作人员按规章操作，操作完成后需要画上对勾。确认每一步流程的操作，进一步保障维修工作的可追溯性。现代航空史有太多鲜血的代价，严苛复杂的流程确认环节是对生命的敬畏和保护。

故障机已经停在一号机库，同事们推着几辆工具车，从好几架高度不同的梯子边走过。梯子是维修人员用于检测飞机外部不同部位的故障，这次故障部位是发电机，主要检测发电机控制组件。幸好，相继串完发动机控制组件后，发现并无实际故障件损坏。他们将发电机盒子电插头断开，再重新插上，很快系统便恢复正常，这时已经是 6 月 29 日的凌晨三点。

这次抢修是王俊修理任务中较快的一次，大部分飞机故障往往更加复杂隐秘，需要更多排查时间。几年前，王俊接到一项定检任务，定检中意外发现该飞机电动登机门无法关上。根据《故障隔离手册排故流程》，排除线路及两个制动器即可解决故障。奇怪的是，逐一排除的结果并无异常。以往，只需一至两天便能查出故障原因，这次足足三天，他们都没找出故障原因。团队四个人围在登机门前，百思不得其解。"要不算了，直接和厂家反映？"一个人说。王俊摇头："再想想吧，我们多来几次头脑风暴，肯定能想出来。"几个人七嘴八舌地讨论起来，时间一分一秒地过去。有人说："从来没有遇到过这种情况，不知道老机务们见没见过。"王俊忽然想到，他曾听一位老机务说过，部件在运动过程中线路可能会发生位移。或许，问题还是出在线路。但怎么能验证猜测呢？他的目光落在一旁的手机上。找来大胶带，将手机粘在电动登机门内部，同时将登机门内部作动器电插头上的供电销钉飞线与三用表相连，相继按下视频录制键和电动登机门的开关。十几分钟后，他们屏住呼吸，观察着视频的每个细节。忽然，他们看见视频中登机门在作动到某一个角度时，三用表显示电压为零，进一步检查导线安装情况，继而发现登机门上的一个导线安装支架的金属卡子将导线绝缘层磨坏。原来登机门作动到一定位置时，导线安装张力变大，不断与金属卡箍相磨，导致导线损伤，这就是故障所在！确定故障以后，解决便得心应手。

在飞机维修过程中，故障的结果清晰可见，故障的原因却模糊难辨，王俊的工作就是在不确定的黑夜中，探索出确定的路径，尽可能让每次飞行都安全可靠。

3D打印室的飞机模型

靠近机库的小房间悬挂着"卓越机师工作室"的牌匾，内里陈列了王俊团队的主要成果。对王俊来说，墙上张贴的是过往的荣光，入口处的3D打印机则是现在与未来。打印机上方的架子上，摆放了一架小巧可爱的飞机模型，工业塑料与3D打印技术的结合赋予飞行新的意义。

近些年来，王俊不仅聚焦于突发的维修任务，还将视野放在创新项目、人才培养和团队管理等方面。与其他行业不同，民航客机的首要职责是安全，任何改造创新都不可轻易加诸实体客机，但创新又是技术发展必经一环。3D打印机很好地弥补了这一缺憾，它高度模拟了真实客机的机型，节约了实际飞机零件更换创新的成本，更加安全高效。王俊从优化维修流程、提高维修效率着手，开展飞机维修领域的创新活动。借助3D打印的创新平台，指导工作室成员从设计维修工具开始，小批量、个性化制作出适用不同机型的维修工具。

建立稳定的人才培养机制，形成和谐上进的团队氛围，是齐心协力创新的关键。作为机库经理，王俊还承担着重要的管理职责，身份的转换要求他在关注自我技术进步之外，还要关心团队协作能力和安全管理能力的提高。因此，得知集团工会与上海开放大学联合创办"腾飞大学"后，王俊果断报名参与到继续教育中。2023年年底，王俊从"腾飞大学"城市公共安全管理专业毕业，他的毕业论文获评为优秀毕业论文，并被学校推荐为"百姓学习之星"。他会将管理知识运用到实际的工作中，从而更好地完善安全生产流程。

在飞机模型旁边，还有一本王俊组织编写的《飞机维修标准操作流程》，总结了具体的维修经验和标准流程。目前团队内的主要负责成员多为80后，为了激发团队活力，王俊编写了《民用航空器机械维护员技能等级评价标准》，为维修人员技能等级认定打通了上升通道，同时王俊每年组织大家进行技能比赛，提升团体合作力。每年的比赛项目不尽相同，团队成员随机分组，小组合作的比赛形式更是增加了彼此的凝聚力。

工作室的墙上还张贴着王俊和一个年轻人的合影，那是他和徒弟在一起。通过师徒结对活动，他的徒弟也获得了不错的成绩。飞行之路，不仅仅是一个人的探索，更是一个团队的共同高飞，一代代人之间的接力。唯有如此，整个行业才能形成稳定的机械襟翼，共同飞越颠簸的气流。

离"卓越机师工作室"不远处，是整个维修部团队的大工作室。直走到尽头就是王俊的工位，右手边是两张全家福的相框。已至不惑之年，王俊更想把时间花在家庭中。还有一年，王俊的女儿就要参加中考。复杂的理科知识是女儿学习道路的障碍，王俊唯一能做的便是想办法疏导女儿的畏难情绪，请教心理学老师和理科老师，帮忙解决女儿的学习障碍,尽可能让女儿有选择的空间。每代人有每代人的生存处境,他不想给女儿太多压力。未来学什么专业、从事什么职业,他都不会提前设限。也许某天,女儿见到某个专业的招生海报,也会兴高采烈地告诉自己,她找到了自己的梦想。这何尝不是一种梦想的起飞?只要心有天空,在大地也能飞翔。只是眼下,在找到飞行方向之前,他仍要陪着女儿,脚踏实地地练习好飞行的姿态。

"滴滴——"新的消息涌入,王俊低头打开微信,开始着手准备工作事宜。远处,机库的大门轰然打开,一架修好的飞机在牵引车的牵引下推出、转弯,等待着烦琐的检查和基地塔台的指示,直到滑行路径和放行信号确认,从停机坪滑行到跑道,加速至飞行速度,继而腾空而起,飞向蔚蓝的天空。

琚若冰:2001年生,上海大学文学院中国创意写作研究院2022级博士研究生。

且将新火试新茶
——家政阿姨朱春南的故事

邓冰冰

2002年,朱春南平生第一次离开东至县城,是为了奔赴她心目中的"东方明珠"——上海。冬天即将结束,客运大巴在飞扬的尘土间行驶了很久,拐上了一座大桥,前方的道路突然变得平坦、宽敞。接着,她要在池州火车站爬上拥挤不堪的绿皮火车。车轮与铁轨相碰的哐当声不断传递着火车的节奏,黄昏时分,朱春南终于将脚落在了上海的地面上。

二十年后,她在大学的课堂上也以这样的话作为自我介绍的开始:"我背着铺盖卷儿从大山里擦干净双脚的泥土,去传说中遍地是金的大上海。"

其实,从火车窗口里倒退的那些景色,有些熟悉,有些陌生,但她都不再留恋了。初中辍学十余年的她义无反顾地要在上海向下扎根,向上生长,她将上海作为她的家,她的大学。她也成为上海开放大学家政学本科的第一批毕业生。

本篇主人公朱春南,1974年生,大学本科学历,上海爱君家庭服务有限公司金牌家政服务员,2023年上海市"百姓学习之星"。2007年进入家政行业至今,一直从事家政一线服务员工作。2019年至今相继荣获"上海市农民工先进个人""上海市劳动模范""全国优秀家政服务员""全国最美家政人""全国年度先进个人"等荣誉称号,2023年上海市工会第十五次代表大会代表,当选上海市总工会女职工委员会委员。

旧名字与新茶叶

朱春南 1974 年生于农民之家。上山采茶、下地种菜是父母的活计，养猪喂鸡、洗衣做饭是长姐与春南的活计。在识文断字前，她早早学会了生活的语言。

9 岁那年，朱春南才因为保护弟弟走进村小。报到那天，老师握着她的手，教她写下"朱春南"三个字，她从此有了一个独特的名字。因为她的外婆和村里人给女孩起名时，总带有隐含的祈望：转男、招男、带弟，连她原来的名字"春男"也是如此。而"朱春南"三个字，渐渐成为她个人身份的一部分，也成为一种潜意识：通过学习抗拒着那些预定的命运。

但学习之于她，也是一波三折的事情。总是要等到学期结束，她才能将"不重要"的名字郑重其事地写到崭新的课本上去；总是要等到她哭着央求老师允许暂缓交学费，她才能够在新学期开端再次走进校园。她就这样跌跌撞撞上了初中，也总是要穿过十几里山路，每学期拉着一百斤米与一千斤柴到学校，才能在镇初中寄宿下来。虽然总是困难重重，但她依旧享受能上学的人生。但八年级时，这些得之不易的"日常"也因为交不起 27 元学费而归零。在那个同学们领了新课本进入新教室的秋天，她独自留在家中的长夏里。父母安慰她，帮她找个好人家嫁了，她不答话只是哭，直到父亲松口要送她去学手艺做裁缝，她才止住泪水。

能学习就好，春南想。因为学习，是使她生活燃烧的唯一沸点。

当时家里最珍贵的物件就是一台缝纫机，是姐姐四年级辍学后为了学裁缝，和母亲在山上砍了一冬天"毛杆子"换来 170 元买回来的"宝贝"。等到朱春南学裁缝时，学费涨到了 47 元。父亲没有抱怨，继续上山砍树换学费，又用剩下的木材做了木床，作为学徒寄宿的床抬到了镇里的裁缝铺。几个月的学习也没让生活的火焰持续太久，后来东至县政府为发展茶业，提供了免费读中专的机会，她才得以重新走进课堂。

茶叶一年三季，而她的中专学习则需要两年。八个季节里，朱春南几乎每天都在大地上劳作，通过双手学习。她们春天采摘春茶并制作，夏季则忙于除草。同时需要从山上砍来茂盛的柴草和一年生的草本植物，捆紧。待秋茶采尽，她们还要在漫长的冬天来临前，在每行茶树的上坡挖深一尺、宽一尺的坑，填以夏天捆好的草垛，经过一个冬天枝叶的腐烂，使茶树获得最充足的休养生息。

东至并不以"名茶"闻名，朱春南在制茶时学会了根据不同阶段与工艺"仿制名茶"的手段。朱春南开始有自己的理解：茶叶的好坏不在于名字或声望，而在于背后无数茶人的劳作与钻研。比起品质，她更愿意将茶叶理解为生活中最质朴的滋味，不同的工艺会改变它的姓名，但其最初的样貌，始终是青翠的芽叶。

土地改良后茶叶的清甜，也出自前一年四季的苦工。这苦工有茶人们的钻研，有茶女们山间的劳作，有土壤夜间的战斗，也有茶树在这山间一朝一露的生长。而所有的茶叶，经过火的萃取，都会保留稳定的醇香。

在东至的茶园中，朱春南学会了用手感知生活。采摘、杀青、揉捻，每一个动作都是对自然的理解与对生活的回应。上千次的炒制让她在杀青时不用手套，仅凭一双经验老到的手，就能感受细嫩的茶芽在铁锅中的变化，火与热，不仅是生活的动力，也是手心所能操控的为数不多的事物。

春茶教会朱春南如何耐心等待冬天过去，秋茶也有它的甘甜。她在茶园里一次次与自然交手，有用手掌将茶叶化作青山的时刻，也有疲惫不堪的时刻，但从未感到厌倦。生活不只是劳作与休憩的循环，普通的绿叶能被黄色的焰火、黑色的铁锅"点叶成金"。

毕业后,她回到家中帮扶自家茶园。她偶尔会迷茫,自问"难道我上学,就是为了再次回到我来的地方吗?"她在冬天里用裁缝的手艺,在县城一个出口工艺被子厂打零工,渐渐从三层薄棉与布料拼花的纹路间走到了负责核心花瓣工艺的岗位上。她的生活也走入了众人都会赞许的圆满。她总是忙忙碌碌的,短暂的平静生活或许在预示生命的冬季就要来临,但她那时尚未意识到。

在厨房与花瓶之间

有一天朱春南在屋里泡药浴,旁边燃着一盆炭火,过了不久她晕倒了,倒在了炭火旁。幸亏母亲及时发现冲进屋里,呼叫众人扑灭火焰将她救出,但朱春南也被烧伤。

康复三个月后,她下定决心,主动找到邻居,跟着他们一起返回上海打工。虽然她依旧想不出其他的逃离绝望与死亡的办法,但是摆脱现状必然是第一步。就这样,在母亲满头银发随料峭春风飘扬的季节,她穿上遮盖伤疤的衣服怀揣着向明天的梦想前行。

因为忘记昨夜残梦最好的办法,就是借着新火翻过生命的旧章。她第一次拿着属于"朱春南"的身份证,希望穿过上海的弄堂找到自己的位置。

新天地并不代表新人生,在上海的第一晚,朱春南与老乡挤在地下室里。尽管身体已经疲惫不堪,但她已经开始在脑海中预演明日找工作的冒险。她既不会使用大城市的家电,也无法用方言与上海人交流,没有在大城市可用的一技之长。然而,她下定决心:无论工作贵贱,先落脚再发展,努力找到自己的无可替代之处。

第二天,她沿着城市的大街小巷,认真地寻找着每一个招工启事,她很快在一家小餐馆找到了一份洗碗的工作。包吃包住，月薪虽只有280元，却是最快能够不再寄人篱下的办法。

洗碗池不会是她的终点，朱春南在单调工作中坚定地想。她用心观察，默默积累与这个城市对话的方式。在洗碗的流水间，她用了一个多月，学会了用普通话与这个城市进行交锋。乡村生活是"语言在树丛中，书籍在流溪中"的经验艺术，而在这里，普通话则在词语与事物之间存在着名为"大城市"的缝隙。大城市的语言是一种需要练习与适应的技术。

在丝瓜络扬起的泡沫间，在滑进地板与下水道的污水声里，普通话的语调在她的耳边徘徊，缓缓地融入她的思绪。朱春南通过重复的动作逐渐让自己的身体习惯了这种陌生的语言，内心的畏惧也一点一点褪去。她已经习惯了在生活中感受身体与思维的分离，而如今，随着她对新环境语言的掌握，她再度让心灵与这个新世界合拍。夜里，她赤脚踩在水泥地面上，感受语言从双手到大脑生长，融入都市的夜歌。

老板很快因为朱春南普通话的日渐流利而对这个外乡人刮目相看。两个月后，她被调到了前厅成了服务员。在岗前培训中，她学会了如何推销菜品：客人点鳊鱼时她适时推出当季的鲈鱼，家庭聚餐时少推酒水着力于增加菜品质量。这些不仅是餐桌上的智慧，也是她从城市语言中学到的生存之道。后来她跳槽到虹桥酒家，为与她一样的外地人介绍本帮菜，与老上海们谈笑风生，游走在光润的木制装修包厢和干净讲究的厨房之间，生活如同灶上的炉火，热烈而有序。

在与店里烹制小鲜的厨师携手共建家庭后，她生下了自己的女儿。但她的生活中不能只有女儿，她有意去探索一片未曾抵达的海域。于是，她决定重新踏上新的旅途，回到最初的起点，成为一名家政工，参与上海这个城市的经济生产。

家政的敲门砖就是洞悉人间烟火。无论是杀青茶叶，还是在炉灶上烹饪，朱春南始终与火保持着某种默契。她与丈夫在虹桥酒家工作时，已精通了一手本帮菜。居住在外地人往来频繁的城中村时，她为人热络，很快跟着东北邻居学会了做东北菜。于是这个来自安徽农村的姑娘，经邻居介绍，凭借炉灶上油炸锅包肉的火候和蒸腾面食的热气，赢得了来自北方的民乐教授张老师的赞赏和信赖。

也是在张教授家，她无心发掘出了学习的绿意——插花。张教授演出结束后常收到鲜花，被草草地插入大花瓶里。朱春南觉得鲜花是生活中的一抹生机，她常想起儿时在山上采野花，插入旧酒瓶里点缀家中那些日复一日的日常。如今在张教授家，她总是会在打扫过程中，随手将那些被遗忘的鲜花重新整理，插入各式各样简朴的器物——酒瓶、罐头瓶，甚至是旧瓷碗中。

这些朴素而富有生活气息的花器，常常让张教授一家赞叹不已。"朱阿姨，自从你来了，我们家仿佛多了一分生机！"朱春南谦虚地回答："花草有生命，得像对待人一样去照顾它们。"她的插花没有严格的技艺，只是凭借对生活和自然的感悟。随着时间推移，她也学会在下班途中为自己买上一束花。

朱春南把每一次上户的经历当成她成长的机会。她从不计较工作的时间，反而喜欢在张教授家多待一会儿，听一听书房里悠扬的琴声，或者与学生家长聊几句。她还常常提前到达"偷师"，结识了墙上的古琴，旁听了中国乐器的历史，甚至学会了弹钢琴。

"钢琴曲中我最熟练的是《世上只有妈妈好》，我至今还记得它的和弦是'哆嗦米索，哆嗦米索'。"说到钢琴，春南的脸上浮现出灿烂的笑容，手指也随着节奏跳动起来，宛如一阵轻风中跃动的蝶翼。虽然双手和弦对她来说并不轻松，但随着张教授的引荐，她在华东师范大学的暑期钢琴班里系统地学习了五线谱，弹得愈发得心应手。

随着张教授儿子的升学，她也要告别第一段上户经历。临走时，张教授特意把自己学生时代用过的琵琶赠送给朱春南，作为两人友谊的象征。这一唐代宫廷中珍贵的乐器，在千年的流转不仅飞入了寻常百姓家，也成为情感的纽带。

在与植物、火焰、生活的对话中，朱春南发现：她不仅仅为了满足雇主的要求而工作，更是要在这些琐碎的工作中寻找自我表达的方式。

炉火纯青

生活中的桩桩件件都是春南的课堂。面对生活中频出的难题，她从未逃避，也没有在别人给出的选项里妥协，而是主动去探索更多的可能性。于是，她从不畏惧一次又一次从零出发。即使在休息日，她也会参加劳动局和商务委组织的家政培训和考试，继续充实自己。

家政的学习从柴米油盐、锅碗瓢盆开始，看似简单的家务其实蕴含着无数技巧和学问。从初级到高级家政服务员，朱春南利用休息时间学会了十几项技能，母婴护理、育婴师、烹饪、派对布置、管家、各类瑜伽、英语口语等。家务算得上是将知识与生活的具体实践结合起来最好方式之一了，朱春南乐在其中。因为每一个家庭的事务都是独特的，背后藏着不同的节奏与需求。她不是机械地重复着简单的劳动，而是在一次次的工作中寻找新的解决方案，甚至将生活的琐碎小事转化为一种具有创意的过程。

在厨房中，朱春南的学习也从未停止。不同于山间茶田的自然节奏，城市生活的法则是高效。她从丈夫、邻居、课堂上一步步学会在火与油的翻滚中掌控食物的温度，让每一片食材在不同温度中释放出最佳的味道。不论是中餐、西餐还是日料，膳食纤维与蛋白质、油脂、碳水化合物都在她的锅中得以保留最原质的美味。而油锅里的热油声与茶叶在炒制时的细微噼啪声仿佛有着某种奇妙的联系，这种声音让她心安，也让她逐渐成为一位烹饪行家。

她时常回忆起在茶园里制茶的过程——每一片茶叶的炒制都需要精准掌控火候,一秒之差,茶叶的香气与品质就会大相径庭。家务也有其隐藏的"火候"。在清洁过程中,她注意到每种材料对不同清洁剂的反应,用布与报纸擦窗户时用力的轻重不同,在熨烫衣物时为不同的面料设置不同的温度,甚至是垃圾分类的细致入微,每一个步骤都要求她像炒茶一样掌握"手感"。

当她的学习阶段进入高级家政服务员之后,她把这些工作概括为"你要知道鱼生了什么病"。至此,她的服务范围已经涉及家宴准备、宠物养护、别墅花园打理等,朱春南将此概括为家庭美学。比如照顾花草,南阳台与北阳台的阳光不同,适合不同的花:绿萝就适宜放在室内;而娇嫩的杜鹃、天竺葵等需要放在北阳台;月季在花园中也能绽放。

"我发现台湾人偏好日式插花,需要枝条简单;而香港人喜欢欧式的大气,偏爱诸多花朵堆叠的花开富贵。"朱春南对于生活有基于实践观察的个人知识谱系,她尤其偏爱小碎花,她说:"不是哪一种花最美,任何一种花草都有生命,所有的花都是美的。"

正是通过朴实无华的小碎花,她找到了一种独特的安宁感。插花成为她生活中的一部分,花艺也成了她提升自己审美的方式。她不仅会参观上海每年5月举办的花博会,还经常驻足观察高等酒店或咖啡店插花的风格和技巧。高岛屋百货常有品牌活动,在展示商品的同时配以风格独具的插花。在她进修家庭美学之后,她的关注点也不再是商品价格而聚焦于花的摆设,于是在她眼中,花才是焦点所在。

家政是与生活共舞的一种艺术。通过对生活细节的观察与不断学习,她从一名普通的家政工,成长为上海家政行业的佼佼者。在火焰与水、劳作与休息的交替中,她用双手与大地、与世界对话,学习生活的本质。

焰火不息

如今，春南学会了将环抱的群山视为一种诗意的存在，尽管它们曾经是她生活的屏障。"我们那里翻过一座山，就是江西了，没有公路，仿佛一个死胡同，只能原路返回才能走出来。"这条回头路既是她对山外想象的唯一通道，也曾在她眼前弥漫起灰蒙蒙的尘土，遮蔽了外部世界的远景。但一次意外的火，点燃了她离开的决心。她放弃了旧日安稳，在陌生的城市语言与节奏中找到无限可能。她的学习之火点燃了新的生活，她的脚步不再犹豫，目光越过了遥远的群山。

学习，成了朱春南走向世界的钥匙。通过学习，她去了更远的地方：随雇主去了香港、台湾，也飞往泰国，去过日本。她曾成为日本小孩的"中国妈妈"，与这个异国的孩子建立了深厚的感情。多年后再见，她与雇主们之间那份通过劳动与关怀构筑的信任依然牢固，因为她们曾共享对同一种美好生活的期许。

学习，也让朱春南为自己插下一束花。"所有的雇主都很尊重我。"她笑着说。几千年来，"保姆""丫鬟"的观念深植人心，很多人把家政当作低人一等的工作，只为生计而从事，无人提及家政的价值或理想。姐妹们常抱怨："到哪儿都受气，在家政公司、雇主家处处低人一等。"每次听到这些，朱春南都会安慰她们，同时心中暗暗下定决心：家政为什么不能获得尊重？只要有本事，为什么不能受到认可？

她决定改变这种偏见。首先要学会主流社会认可的语言。2016年，朱春南开始攻读家政学专科。2021年上海开放大学开设家政学本科课程后，她毫不犹豫地报名，不是为了学历，而是为了深刻理解家政行业的理论、服务理念与管理方式。

Home economics，即家政学，是将家庭作为一种资源去管理与优化。在朱春南看来，家不仅是物理上的空间，同时也是心灵的港湾，而她的 home economics，是通过劳动与爱，温暖家庭的每一个角落。她说，"家政服务人员是传递爱与安宁的生活方式的人"。

她逐渐成为行业的榜样。2020年，她被评为上海市劳动模范。这让她思考，如何能让更多的人享受"爱与安宁"。她决定通过行动回馈社会。在疫情期间，她主动成为志愿者。在社区，她积极参与残障人士的义工活动。她还与长宁区总工会合作，成立了"朱春南劳模工作室"，教授整理收纳、花艺等家政技能。她不仅分享知识，更鼓励工友们讲述自己的故事，帮助她们找到职业自豪感。

朱春南的工作室不仅让工友们学到了实用技能，也唤醒了她们内心深处的自尊与自信。许多曾犹豫是否继续从事家政工作、认为"读书要花很多钱、很多精力"的姐妹们，在她的鼓励下，选择了学习与进修。她更自豪的，是看到那些曾犹豫的女工们也进入上海开放大学继续学习。她还作为上海市女工委维权小组成员，推进了女工权益案件的解决，切实帮助了许多曾经困顿的姐妹们。

山间易季取新火，海上重生起炉灶。前半生困居大山的她，也在多水之处寻出生水的金子来。

最近，朱春南还参加了养老技师技能培训与竞赛。即便在上海，在养老护理方面达到技师级别的家政人员仍然有限。她感受到养老护理这一新领域的广阔潜力。她说："照顾老人与照顾小孩截然不同，小孩是一天比一天好，你看到的是希望，而老人是一天比一天差，你的心情会越来越沉重。"进一步接触生命循环让她对生命本身产生了更深的敬畏感。而未雨绸缪地关注到养老问题与临终照护，也让她希望在日趋老龄化的社会里做出更多有意义的事情，帮助更多人度过安宁的晚年。她一直坚信，是学习，使生活的焰火一直燃烧下去。

且将新火试新茶，朱春南想着，诗酒不必趁年华。毕竟，她所写就的生活之诗，所品味的人生陈酿，早已超越了传统意义上的青春。独自一人的时候，她也会摆好茶具，准备茶水与点心自饮，独饮的滋味就如同长久以来她独自在纸笔间前度过的那些长夜一样，她也乐于与众人一起缓缓啜饮学习这杯四季中不断萌发的新茶。她就像一缕持续燃烧的火，静静地在这座城市里绽放，脚步虽缓，却坚定向前。

邓冰冰：2001年生，上海大学文学院中国创意写作研究院2024级博士研究生。

一个蛋壳的可能
——蛋雕师李亚非的故事

马 侠

在中国,每年约有 2 500 多亿个蛋壳被丢进垃圾桶,你有没有想过,蛋壳利用有多少种可能?

在李亚非那里,你能看到成百上千种可能。他可以把 0.4 毫米厚的鹅蛋壳分成五层,把黄浦江两岸的万国建筑群和现代建筑群都呈现在一枚蛋上;可以在 0.3 毫米厚的鸡蛋壳表面雕出上千线条均匀的"满天星"异景;可以设计出"蛋中蛋"的奇观……蛋壳经由他手,开启了一场奇幻之旅。

而这背后是他多年的学习和精进。与其说他是个艺术家,不如说他是个"学习家"。他从来不为自己的道路设限,遇到什么就解决什么,想做什么就去学什么。学无止境对他来说并不是什么沉重和宏大的概念,而是流淌在他血液里最自然的元素。不断的学习带给他的,不仅是做成一件事的快慰,更让他像年轻人一样精神饱满,生机勃勃。

本篇主人公李亚非,1963 年生,退伍军人。2018 年开始在上海市长宁区北新泾社区(老年)学校担任志愿者教师,致力于推广蛋雕艺术。2019 年获"上海市百名艺术达人"称号,2020 年被评为蛋雕代表性传承人,2022 年被评为叶雕代表性传承人,现为中国工艺美术协会会员、上海中外文化交流协会会员、上海工艺美术学会会员、上海民间艺术家协会会员。荣获 2023 年度全国"百姓学习之星"荣誉称号。

三角尺上发芽的艺术梦

李亚非从小就喜欢和艺术打交道。

上小学时,大人间流行刻章子。他觉得新奇,就拿出自己的透明三角尺,用圆规的针在上面慢慢刻字。刻完后,把上面的碎屑一吹,几个稚嫩的字牢牢地印入尺子。他看了,觉得心里美滋滋的。后来有了钢笔,他就拿圆规在钢笔上刻自己的名字。刻好后往衬衫的口袋一别,他走在路上十分神气。那是个物资匮乏的年代,有一支漂亮的钢笔已经不得了了,他还能在钢笔上加上自己的专属"章"。同学们都羡慕不已,排着队找他在自己的钢笔上刻名字。稍大些,他向别人借了点零用钱,买来篆刻用的石头和刀,开始琢磨怎么刻好一个印章。

父亲喜欢动笔画画,李亚非也拿着毛笔跟着画。所以从小到大,美术课上老师教的画对于他来说都很简单,他就喜欢自己一个人研究别的。他的字写得并不是同学中最好的,但是刻出来的字都很漂亮。因为他发现,艺术讲究的是方式方法,不是苦功夫。如果把每个人的字都拆开,就会得到没有差别的横竖撇捺,而漂亮与否,关键是组合方式的不同。把初学写字的小孩子的字拿来,拆解并重新拼合,也可能会变成一幅美观的书法作品。

读小学的时候,班里的黑板报交给他出。他拿了一根毛线,在黑板两端固定住,将每一行对得整整齐齐。他说:"其实黑板报好看与否,字是其次,工整才是漂亮的关键。"让字写工整的方法,才是应该研究的主要对象。有一次设计黑板报,他把胶水和水稀释,用毛笔蘸着写字,然后把彩色的粉笔碾成粉笔灰泼到黑板上,把其余的部分吹掉,最后就是彩色的艺术字体。他的设计不仅快捷,而且简单干净,得到了很多人的赞赏。

1982年，李亚非高中毕业。他的读书成绩不是很好，那时也没有艺校。他在父亲和哥哥的影响下选择了去参军。去的时候，他带了个很旧的照相机鼓捣着玩。恰好当时部队有一个军地两用人才培养政策，他顺理成章获得了名额。没有人知道，他其实不会拍照，但是他心里想着：拍照嘛，不就按一按嘛！于是硬着头皮答应了。后来他发现，照相是个专门技术，还要冲胶卷、洗照片呐。他获得批准，去照相馆冲洗了半个月的照片，就回到部队负责给大家拍照。李亚非曾跟随部队到安庆去抗洪，《解放军画报》的记者没有赶到，工作人员知道他会拍照，就把相机交给了他。他还记得，洪水将整个村庄淹没了大半。部队到达时，听说有不少人困在了房子里，解放军个个套上救生衣，撸起裤腿，就蹚入了泥水中。他把相机背起，也踏入了泥淖里。在抢险的缝隙，他拍下了战友浑身泥泞、背着老人稳步向前的场景；拍下了战士们在洪水中打桩、填沙袋、清理淤泥的场景。还有一张照片令他印象深刻，是战士们用身体筑成人墙，为一个小木屋中的母女开辟出一条道路的画面。最终，他们拯救了困在水中的所有村民。李亚非把胶卷交给《解放军画报》，那些照片登上了一整个版面。

"说人话"哲学

李亚非爱折腾。

从部队退伍后，他跨了好多个行业。他说每进一个行业，从头开始，就像重生了一次，他享受这种感觉。虽然汽车、化工、电厂、金融、外贸和蛋雕、叶雕看上去没什么关系，但是从事了以后就会发现，每个行业都有一定的联系。对于他来说，只要不是高度专业化的领域，只要他懂得一点点，他都能做。他的办法是"说人话"。

李亚非有个朋友是高校材料系的主任，他研究的一个领域是金相结构。李亚非说:"讲专业术语我是听不懂的,如果用最简便的方法说,说'人话',金相到底是什么呢?"朋友就拿俄罗斯方块举例:如果游戏打得好,中间的空隙越少;如果打得不好,中间的空隙就越多。这就相当于材料中的金相组织结构。空隙越大,材料的质量就越差;"俄罗斯方块"排列好了,材料质量就好了。他研究不同领域的东西,也是像这样转换成最简单的方法去理解的。如果每一个行业都有销售,李亚非绝对是顶级销售。他虽然没有很多专业理论,但是只要他弄懂的东西,都是简化后的东西。李亚非的"说人话"哲学就是大道至简的道理。

当然,工作靠的肯定不止这些。他搞懂了理论之后,总要一头扎进实践当中去,从源头出发。做外贸的时候,有一次工厂里生产出的产品不合格,国外客户要退货。其他人都查不出问题在哪儿,李亚非就来到现场,从源头开始查起。最后在源头的细枝末节处找到了问题所在。他发现,很多人容易着眼于重要的和重大的工序,却忽略了最本源的问题。

李亚非喜欢"偷师学艺"。

进入陌生的领域,他首先要做的事情就是捕捉学习的对象。他擅长与任何人搭话,每当会议结束,他都会跑到别人跟前问人家的思路是哪来的,借助了什么工具。当一个项目交到他手上,他如果没有想法了,就会"往外跑"。他说,只有这样,思维才能"跳起舞来"。

他喜欢与流水线上的基层员工打交道。生产肥皂的时候,在出厂时要检验有没有盒子是空的。那个时候没有专门的检测设备,还要花钱请专家来想办法,就有工人站出来说,在传送带口摆上一个风扇一吹不就好了嘛!他发现,很多基层工人只是不会表达,但是他们的智慧是不容小觑的。多年之后,李亚非面向不同群体教授蛋雕。有一次,他的学生捧来一个自己制作的鸡蛋定位器,给了他很大的启发。但是,他迅速又在这个基础上提出进一步改善的想法。他和学生就像阶梯,一个换一个地接力，一直在找更便捷的方法。他说：我很喜欢听小朋友讲些异想天开的东西，有时候会给我很大的启发。

李亚非永远有好奇心。

即使是与他无关的东西，只要一有机会，不管有没有用，李亚非都要去弄懂。这已经成了他的习惯。他发现，这些"无关紧要"的东西，就像生活中各式各样的塑料袋。不管是大的小的、红的黄的、宽的窄的，他都习惯整齐叠好，放到抽屉里。等到机缘巧合的时候，每个袋子几乎都能派上用场。

有一次，家里的自来水水管漏水，李亚非研究了半天，也不知道哪里出了问题。等到他坐在沙发上拧开一瓶水的时候，他想到，瓶子也是储水的，和自来水管是一样的。他捧着瓶盖，发现水瓶的瓶盖都会有一个垫圈，垫圈没了就不能密封，垫圈的软硬度也要合适才能不漏水。换到自来水管上，过去的接口是拿一堆白料烙上去的，现在技术进步了，接口处就像安装了一个垫圈一样。他立马起身去检查，原来是因为垫圈用得太久，该换了。他总能在生活中发现各种各样的小智慧，这些小智慧给他的工作和生活带来了很多的便利，所以，他一直葆有好奇心去探索。

减法的美术，从零学起

53岁，李亚非又拾起了自己的艺术梦。

一次偶然，他在网上看到蛋雕作品，立刻被眼前的精美艺术惊艳到了。于是，他就去冰箱找了颗鸡蛋，随手拿起篆刻刀，在鸡蛋上刻了个"福"字。他说："雕第一个蛋的时候，我就随便拿了一把刀，雕完之后一看，蛋没坏嘛！我就觉得，可以玩一玩。"他的玩可不是随随便便地玩，他知道自己有篆刻、书法、绘画的基础，所以是下定了决心去学的。

在艺术上，李亚非从来没有老师，都靠他自己一点一滴地去摸索。首先是要去菜市场挑鸡蛋，光是最外层的色素，他就研究了三年。他的手摸过成千上万颗鸡蛋，每颗鸡蛋的形态、颜色、手感都各不相同。至于哪种最适合雕，经过一次次试验，他总结出来，要挑最便宜的洋鸡蛋，因为色素最明显，颜色深，而且壳比较厚。

蛋雕之难在于它是"做减法的美术"。在美术类艺术中，大多数是做加法，而蛋雕做的是减法。画画的时候，如果错了，可以再填补，一点点加上去，可能会有另一个呈现。可蛋雕是没法加上去的，蛋壳十分脆弱，如果雕破了或者雕错了就只能从头再来。可以说，做蛋雕，要么百分百，要么归零。李亚非说，蛋雕是"最脆弱的艺术"。

工欲善其事，必先利其器。所以，蛋雕用什么样的刀是重中之重。为了买到合适的刀，李亚非花了上万块钱，买了各种各样的刀去试，包括篆刻刀、手术刀、美工刀等。后来发现，不同的刀有不同的刚度、强度、硬度、韧性。比如篆刻刀，硬度就太硬，雕的时候容易爆。篆刻时，刻下去就是要爆了才好看，但是蛋雕完全不同。做蛋雕八年，李亚非前前后后换了一百来把刀，有刻坏了的，也有强度和硬度不适合的。到目前为止，他选择的最适合蛋雕的刀具是氮化钢的材质，硬度在64～69之间。他说，如果以后遇到没试过的刀，他还会不断尝试，不断发掘更好用的工具。

有了合适的刀，下手之前，要在蛋的表面画上图案。但是哪里要雕深、哪里要雕浅还是不知道。为了提高读图能力，李亚非发现手机里的照片滤镜功能正好能帮上忙。先把要雕的东西拍个照片，把颜色调成黑白的，在深浅方面的显示度就会非常明显。使用滤镜的功能，多观察一会儿，加上他本人的绘画功夫，在下手雕之前心中就有了谱。

雕的过程中，刀钝了也是雕不干净的。钝与快是微末之差，很难把握，不能差一点点。这就牵扯到了磨刀的问题。磨刀，又像雕蛋一样，也是一门技术。李亚非买了台激光雕刻机，专门磨刀用。刀要固定在一个精准的定位器上，保持一面完全平整，只磨单面。磨刀石更是有要求的，目数的范围要严格控制才能磨出镜面，磨刀过程中还会卷刃，又要有合适的处理办法，这是非常精细的工作。

虽然蛋雕的工具和方法很多，但李亚非也不会忽视手上下刀的功夫，这是真正需要下苦功夫练的。蛋雕的过程中，拿刀的是右手，但是左手会比右手还累。左手的力要适当，又要保证位置不动，一晚上下来，他的左手经常是僵住的。有一次，雕完一枚蛋，他的左手无法动弹，拿右手掰开了左手的小拇指，才把蛋壳取了下来。因为长期握刀，他右手的小拇指处也凸出来一块很明显的肉。

李亚非在上海生活多年，他就地取材，把上海的很多标志性建筑都雕在了他手中的蛋上。为了雕五角场中环线的金属椭球体，他每天都去五角场的马路上静静坐着看。连续看了一周，直到把各个角度、各个细节都牢牢记下，才开始了创作。一个多月的时间里，李亚非每天深夜都会坐在明亮的灯光下伏案细琢，因为这是他心绪最平静的时候。最终的作品中，仅有0.4毫米厚的鹅蛋壳上打上了12 000个小洞，936个小方块，几乎完整还原了建筑本身。

一片长在指尖的叶子

蛋雕创作两年后，李亚非同时研究起了叶雕。

叶子必须要选取秋天从树上刚落下的。如果没有落下，叶子的叶脉就没有成熟，但是如果掉在地上久了，叶子的水分没了也不行。到了秋天，李亚非就背了个包出门到上海的街道捡树叶，捡着捡着，后面就跟了一堆人看。人家问他在干嘛。他说，做叶雕。人们又问，叶雕是什么。刚开始,李亚非总会耐心解释,后面人越来越多,说起来没完没了了,他只能敷衍一下。

秋天落下来的叶子完整的很少,捡树叶也是个体力活。李亚非开玩笑说:"一个深蹲,拿起一片叶子,这里一个虫孔,扔掉再捡,下面又缺了一角,扔掉再捡。捡一片能用的叶子,基本上要十个深蹲。"这对于五十多岁的他是一个很大的考验。不仅如此,如今上海的大多数街道几乎见不到树叶,越靠近商场的主干道越干净,一大早起来就被环卫工人扫走了。基于对树叶的了解,李亚非发现,好看的叶子就像人有好看的基因一样,碰到一棵基因比较好的树,会拾到很多好看且完整的叶子。但令人头疼的是,上海街道上的叶子会不停地修剪更换。所以,一片好看的、合适的叶子实在是可遇而不可求。

开始做叶雕后,李亚非一年的叶子用量大概是 8 000 至 10 000 片。自己一个人慢慢捡显然不行,后来,李亚非就想了个办法,他去电商平台找专门用叶子作为材料布置场景的商家购买。如果直接买肯定大部分都不能用,他对商家说明的标准是:首先要保证叶子是平整的,不能卷起来;是完整的,不能缺一个角;叶子表面不能太花里胡哨,不能有虫蛀;叶脉不能歪歪斜斜,要非常对称的,最后寄过来的叶子要抽掉 80% 的水分。为了达标,他还会告诉商家怎么做。因为一张叶子本身可能就是卷的,首先须浸入水中泡平整,又一张一张拿报纸隔开压着,放在通风的地方,最后做出来再淘汰不合适的,整个过程非常耗时。即使是这样,寄到李亚非手上的叶子也只有 10% 左右能达到他的使用标准,剩下的,他会带到体验课上给学生用。

叶雕的工具是牙刷。刚开始研究叶雕的时候,他就跑去超市里买了各种各样的牙刷:电动的、纳米的、旋转的等,都买回来一个个试,看哪个最方便、最合适。到现在为止,他用的牙刷已经更新了好几代,他依然在继续寻找更好用的工具。

虽然叶雕制作成型比蛋雕容易得多，但整个工序仍十分烦琐。从捡树叶开始算起，李亚非把叶雕总结为64道工序，包括锤压、蒸煮、浸泡、雕刻、研磨、熨烫、漂白等，其工艺涉及绘画、微刻、剪纸、书法、篆刻等艺术门类，需要三四个月的时间才能制成可观赏和收藏的叶雕作品。

叶雕的"雕"体现在雕模板上，有了模板，任何人都会做叶雕。但是雕模板是最需要下功夫的，如果千篇一律，没有创新的话，就没有灵魂，没有个人的思想。雕模板，不仅要创新，更重要的是要符合叶子的形状脉络。选取的叶子和雕的模板要和谐共生，不破坏叶子的主脉络，还要利用叶子的纹理、形态凸显出叶子本身的美韵，所以，叶雕的最高境界是传递人与自然融合共生的和谐之美。

李亚非喜欢打破砂锅问到底，他永远不满足于现状，一直在寻求更好的方法。叶雕做好后，外面要有包装，刚开始他用两片玻璃夹住，外出展览的时候发现实在是太不方便了，笨重又易碎。而且放得久了，叶子就会收缩变形，也会变干变枯。为了使叶子不变形，他开始研究热缩膜和冷缩膜。钻研后他发现，热缩膜的原理是高温加热后黏在一起，加热过程本身就会使叶子变形，而冷缩膜表面自带一层很均匀的背胶，不会伤害叶片。做好后的叶雕拿在手上比纸还薄，冷缩膜也是薄的，所以在封膜的时候也要小心翼翼，如果某个边角翘起来，黏到背胶上就撕不下来了，必须一次性做到位。

做到了让叶子不变形不变干，李亚非又想办法让外包装升级，他想到了相框。在购物平台上翻了翻，他买了个看上去不错的，回来之后觉得还是不满意，他就自己设计并找人定做。相框后面是纸板，前面是亚克力框，他要把背后的外壳拆开，再重新进行组装。在动手组装外壳的过程中，李亚非又开始研究起了LED灯。LED灯有光衰弱问题，时间长了会越来越暗。为了维持叶雕的灯光，他专门设计了数据线的接口，以使光源常亮，方便展览。如果外出展览的地方没有电源，就要用到充电宝。在使用充电宝时，又遇到了问题：充电宝的设计是有保护装置的，给手机充满电之后就自动断了，但是叶雕的灯光是不能断的。所以，他又将充电宝拆开来研究，经过反复试验，并在各个搜索平台寻找答案，终于达到了不断电的效果。

叶雕的外框，李亚非已经更迭了六代了，如今，他又发现了新的"瑕疵"：光板的最下边有一排明显的光晕，看起来还是不够美观。他就想，为什么手机的显示屏没有呢？为什么电视和电脑的显示屏没有呢？随着不断的发问，李亚非的脑中又飞起各种各样的思绪，他再一次踏上了探索新变化的旅程。

艺术家都是"精神病"

别人说他是工匠，而李亚非认为自己是"精神病"。

他说，匠人就是一生只做一件事情，把一件事情做到极致。所以过去有很多职业以"匠"为名，比如：铁匠、木匠、画匠，等等。而李亚非是主张一直改变，一直创新的。他认为，在这个时代，只有变，才能活。

2000年，李亚非已经在汽车旅游公司工作了十多个年头，三十多岁的他就当上了经理。那是当时上海数一数二的好工作，但是他马上意识到社会进步得太快了，汽车用不了多久就会走入千门万户了。他意识到，他要离开温床，重新出发了。所以，他奔向了不同领域，把人生当作一场冒险游戏，体验了不同行业。

不仅是工作，他在生活中也喜欢挑战极限。他尝试过独自一人开车去无人区，尝试过蹦极，在野外徒步探险，60岁时在草原骑马飞驰。年龄不是衡量他生命的尺度，只要有未竟的念头，他就会立刻行动。

他手中的蛋雕作品，也像他喜欢的蹦极运动一样，充满惊险刺激。那件《浦江两岸》，是鹅蛋里头套鸡蛋，小小的蛋壳上，雕出了东方明珠、上海中心，还有一排万国建筑群。《大小蛋》放在转台上，以走马灯的形式朝着不同的方向转动，在蛋雕界别具一格。《旋转爱心》上，镂空的爱心一颗连着一颗，像丝带一样在空中飘着，整个作品只由几十个爱心组成，看上去完全没有支撑点和附着点。菜市场能见到的蛋，他都要买来雕一雕，他还雕过鹌鹑蛋、甲鱼蛋、麻雀蛋，他的脑袋总是充满天马行空的想法，他的风格就是没有风格，没有人能猜到他的下一个作品是什么，因为他永远在变。

虽然李亚非喜欢变来变去，但是他的变并不是虚浮飘渺的变，而是脚踏实地的变。他目前正在雕的作品是《八骏图》，已经雕了五六个了，但他还是不满意。八匹马对他来说已经不算问题了，但是他发现，最难雕的是下面的草丛。把草雕得栩栩如生是非常费力的，草丛是一大片草的集合，不仅要雕得根根分明，远近对照，还要显示出疾风中劲草的气势，与上方奔腾的骏马相得益彰。从第一个蛋上棵棵分散的草，到后面一丛一丛的草，再到根根分明的劲草，李亚非一直在变化中追求自己心中完美的目标。

2020年，李亚非以蛋雕去申请非遗，但是评委要求作品必须是纯手工的，不能使用现代工具，李亚非便据理力争。他说，有现代工具不用，注定是跟不上时代发展的。非遗应该做到的是"创新不失传承，传承而不守旧"，只要保证根不变，能创新一定要创新才行。他不仅这样说，也一直在实践。普通的磨刀工具太慢，他买了激光雕刻机；看到叶雕没有颜色，他就去尝试UV平板打印技术；3D打印技术刚出现的时候，他也尝试融入蛋雕创作。他的尝试为蛋雕界和叶雕界带来了一股强劲的新风，也获得了大家广泛的认可和尊重。

不同年龄阶段的人，李亚非都能很顺利地与之交流。他虽然已经

61岁了，但是仍然能像个年轻人一样永远在追逐新潮的东西。国内首款3A游戏在年轻人当中风靡，他也要去玩一玩；大家都在讨论人工智能语言模型，他也要学着用一用；早在短视频刚兴起的时候，他就开始研究不同平台的差别，怎么经营、怎么发布、怎么顺应不同平台的规则和运行机制，他都心中有数。为了更好地宣传展示蛋雕作品和叶雕作品，他去学习PS，学习剪辑视频，学习拍摄手法，研究拍摄工具，他所有平台发布的作品都是由他自学完成创作的。他也因为持续在网上宣传，吸引来了很多互动，不仅有很多中小学生及其家长慕名而来，还迎来了很多商业合作。有一次过中秋，他在短视频平台上简单地露了一手"中秋快乐"蛋雕，就获得了560万次的播放量。

在李亚非看来，生命是像抛物线一样起起伏伏的。如果一直待在舒适区，即使自己不变，也会被推着改变，到那时候，可能就会陷入被动，很难自救。所以，他一直主动寻求改变。遇到困难是在所难免的，他喜欢说："困难来就让它来嘛，办法肯定比困难多。"对他来说，这样就能自己掌握自己的步调，即使是下落，也是平稳的下落，之后就会是平稳的上升。

点亮每一粒种子

从2018年开始，李亚非依托北新泾街道社区学校，一直坚持为辖区内的居民讲授蛋雕和叶雕课程。他成为非遗代表性传承人后，同时也面向全市各类学校、文化场馆等推广蛋雕艺术，非遗进校园、进军营、进白领中心、进监狱做艺术矫治等活动中都有他的身影。不管面对什么身份的学员，他都竭力找出最适合的教学方法。如今，上海市很多大中小学都将蛋雕和叶雕艺术列为学校的拓展课，蛋雕和叶雕在大众眼中获得了越来越多的关注。

给在校学生上课的时候，为了让小孩子们有兴趣、上手快，他会把蛋雕的前期工作都准备好，包括蛋壳打孔、给鸡蛋抽蛋液、洗干净，甚至要在蛋壳上画好图案，雕刻的工具他也会带过去，让学生直接动刀。他还会给小学生讲述自然科学方面的知识，提高学生的兴趣。比如，叶子分正反面，正面有一层膜，像是保护叶片不被晒伤的角质层；背面是毛茸茸的，有保湿的作用。所以叶雕是在叶子的正面雕，而且要把叶片表面的膜去掉。选取的叶子必须是木本植物，因为要经历煮的过程。木本植物叶子的叶脉是木头，放在水里面是煮不烂的，而如果是草本植物，一煮就烂了。一片叶子，基本上有三到五根主叶脉，主叶脉在叶雕的过程中是不能动的，动了就散架了，就像人身上的主动脉。选取的叶子最好是秋天自然落下的，因为叶脉比较成熟，如果树上的叶子叶脉嫩，就容易坏。

做叶雕时，用到的工具有刷子、盘子、铁板、磁铁、蒸煮的锅、甘油、双氧水、氢氧化钠等。为了教学，他会想办法告诉学生怎么样做最简便、最合适，什么东西可以代替。比如，他会说，甘油就是我们常说的开塞露、氢氧化钠就是下水道的疏通剂，这是为了避免学生手头上没有现成的工具，觉得麻烦就不做了。李亚非就像个生活的艺术家，不仅能在生活中利用身边的一切工具，把艺术作品做得生动漂亮，还能让学员在学习的过程中感受到生活的乐趣。

教老年人时，李亚非从不布置作业，而是让大家想雕什么就雕什么。但是雕好后必须发到群里，他会针对每一个学员的作品逐个分析。上网课时，坐在镜头的另一端，李亚非光听声音就能听出哪个学员雕得好，哪个学员哪里出了问题。如果有人雕坏了，他更注重引导学员思考和总结。对老年学员，他还会开玩笑地说："雕坏不要紧，但是要总结。要先动脑，不要老动手，光动手没用。你动脑不会老年痴呆嘛。"他非常欣慰的是，老年大学学员们提出的问题越来越多，这说明他们在不断钻研、不断进步。学了蛋雕之后，他们酒也不喝了，麻将也不打了，蛋雕成为老年学员修身养性的好法子。

刚开始研究蛋雕的时候，李亚非并没有把目标树立得很宏大，他没有想过传承的事情。到后面做得越来越好了，他从社区中走出来，开始面向社会教学，工作越来越多，他的责任也越来越大。到目前，他认为传承是自己最大的责任，也是他的乐趣所在。在教学的过程中，他喜欢与不同的群体接触，尤其是年轻人。在教学相长的作用下，他不断精进。

目前，整个蛋雕界，全中国不超过 2 000 人。其中真正以蛋雕谋生，全身心扑在这上面的不超过 20 人。蛋雕的传承还有很长的路要走，所以，对李亚非来说，教老年人，是使他们个体能身心愉悦，能更长寿一点，但是他最心急的是教年轻的学生。有一次，一个小孩想买他墙上贴着的叶雕作品，还说他可以出 3 000 元，李亚非就对他说："我不卖给你，我希望你们自己做。如果你花这些钱来找我学，我一定让你做成这样，岂不是更有意义？"还有些一、二年级的小学生找到李亚非，想拜他为师，做出更多的作品，为的是向同伴炫耀，获父母的欢心。李亚非就会对他们说："我不接受，但是可以到工作室找我学，我免费教，如果能坚持三年，我请也要把你请过来。"

在李亚非看来，终身学习并不是老年人的专利，自己作为一名蛋雕传承人，不光是要教老年人继续学习，更重要的是要教年轻人学会终身学习。他说："所谓终身，就是从小的时候开始嘛，一直学到老，才叫终身。终身学习，就是所有人都要不断地学习，不断地让自己接触新鲜的事物，不断地充实自己。"

对于非遗的未来，李亚非是比较乐观的。他认为，高雅的艺术和经济发展、文明程度是密切相关的。随着国力的发展，国人的精神文化需求会越来越大，因此，艺术也会越来越受到重视。

2019年，李亚非借着庆祝新中国成立70周年的契机，组织了全国范围内的首届蛋雕展览，认识了五湖四海的人。有很多做了三四十年、四五十年的，在蛋雕界威望比较高的前辈，都感谢他圆了自己的一个梦。2021年，他又举办了庆祝建党100周年蛋雕艺术展，吸引了线上线下五千多人次参观。但他总是不满足于现状，现在他的愿望，是办一次更年轻的、更新的展，连评委也要是新的，让更多的新鲜血液带着蛋雕艺术走得更远。

或许在不久后的将来，李亚非那间窄小的工作室里会聚集一群充满激情的年轻人，围坐在夜晚的灯光下，共同筹备一次以"青春之壳"为名的最新全国蛋雕展。从作品的设计图到展览的布局，从宣传的方式到邀请函的制作，充满着年轻人喷张的创意和奇思。空气中弥漫着他们对未来的憧憬和向往，他们笔下的每一张设计图都承载着创新和传承的故事，等待着被更多的人看到。而头顶上那盏彻夜未熄的灯，不仅照亮了每一个年轻人心中小小的种子，更唤醒了蛋壳中蕴藏的无限可能。

马侠：2000年生，上海大学文学院中国创意写作研究院2022级硕士研究生。

走进画中
——绘画老人章国敏的故事

程倚飞

在弄堂中穿梭,来往于浦江两岸的班船间,他早已习惯了这座城市早晚的不同节奏。每日劳作之后,他在夜晚的小屋里静坐片刻,脑海中却不断浮现出未曾实现的绘画梦想。

那时候,画笔还未握在手中,但他早已在心里勾画出了无数的线条。直到退休后,他拾起笔,用油彩与水彩重现思绪:他日复一日走过的街角,梦中的田野……

"撞撞岩"山头

浙江象山黄沙村下章家,依山傍海,东面大海浩瀚,西首和北隅都被群山环绕。西首的山头名为"撞撞岩",两块黄褐色巨石相叠,看上去摇摇欲坠,实则岿然不动。山头上睡着他的父母亲。

1946年10月30日,章国敏呱呱坠地。生他时母亲杨阿庆44岁,已生养了三个儿子,一个女儿。母亲唤他的名字为"阿敏"。章国敏对

本篇主人公章国敏,1946年生。2023年获上海市"百姓学习之星"。他常年活跃在社会学校和老年大学课堂上,学习水彩画课程十二年,学习油画课程八年,学习钢笔画课程一年,掌握了水彩画、油画、钢笔画和书法多门艺术。他笔耕不辍,坚持书写日记20余年,已写满57本。创作文章达400余篇,其中不少获得荣誉并刊登在报纸杂志上。

她的音容笑貌已然十分模糊，只依稀记得母亲个子不高，却总是笑容和煦。只是母亲偶尔叹息，或许无力再抚养他，常和邻居讲"我最放心不下的是章国敏，因为他年龄实在太小"。小时不解其意，母亲可能已经在冥冥中预感到些什么。

"有人吗？"一位先生背着杨阿庆回到家中，章国敏感到诧异。"你母亲突然昏倒在水池边，我把她背回来了。"此时，恐惧如同黑影笼罩在他的心头。

当章国敏见到母亲睡在朝南厢房雕花大床上。他摇了摇她，心想或许母亲会很快醒来，又可以听到她亲昵地叫阿敏，吃上她做的饭菜。许久，她躺在雕花大床上，神色憔悴，张开嘴却无法发声。章国敏想听清楚母亲说什么，耳朵靠近却只听到了气息声在沉默的屋子里若游丝。他在床的踏板上，注视着母亲。母亲的意识仿佛还清楚，目不转睛地看着小小的章国敏，突然泪水纷纷落个不停。

"妈妈！妈妈！"章国敏望着母亲落泪，不停地呼唤母亲，寄希望于呼声能唤回母亲，再听她喊一句"阿敏"。母亲却已不能答应他了。很快母亲气息慢慢地变弱，逐渐没了血色。

母亲的离世，带走了阿敏童年最后的温暖。她的遗像未留，只能在回忆的模糊中拼凑母亲的模样。几个月后，父亲也猝然逝去，他与母亲长眠于同一座山头。章国敏从此孤苦伶仃，每当有人提起他的父母，内心的痛楚便如同一把无形的刀，划过心灵的每一个角落，留下难以愈合的伤痕。失去父母的感觉如潮水般汹涌而来，时常让他在夜间惊醒，梦境中的恐惧使他难以安眠。泪水总是在瞬间夺眶而出，那种痛苦已然持续了整整四年，仿佛每一次提及都是一次重创，将他推向无尽的黑暗与孤独。

此后，年仅 14 岁的三哥独自挑起生活的重担，在田地里辛勤劳作，艰难地养活着章国敏。每天放学后，章国敏匆匆回家，忙着点燃土灶，烧火做饭。

正是在这段阴霾般的岁月里,绘画成为章国敏唯一的救赎与寄托。他坐在那张略显陈旧的桌子旁,手握画笔。画布上,岳飞的英勇形象屹立不倒,大刀挥舞,似乎在为他守护着那份无形的情感。栩栩如生的大象,象征着他对美好生活的渴望与期待,带着他逃离了沉重的现实。

大人们对他的画作总是给予热情的赞美,夸他有天赋,甚至鼓励他未来可以进入美术学校读书。他们的赞扬如同温暖的阳光,照亮了他的内心世界。每一次的夸奖都让他心中涌起一丝自信。

梦想未启航,生活给了年幼的他重重一击。

鱼骨弄堂

亲戚们看着年幼的章国敏和三哥,心中满是担忧。两人年纪尚小,独立生活难以为继。经过一番商量,决定将章国敏送往乌屿山村,投靠他的姐姐章彩玉。在那里,章国敏完成了小学二年级的学业。后来,姐姐有了第二个孩子,生活拮据。章国敏辗转到上海二哥家里生活,读书、参军、工作。

弄堂如同一条条弯曲的鱼骨,狭窄而深邃。章国敏的童年便是在这鱼骨状的弄堂中度过的。他漂泊的起点便是湖北路二哥的家。大楼前挂着上海日新服装公司招牌,家与店铺融为一体,四楼是二哥一家借住的小小天地。四平方米的阳台,五六平方米的灶间,连狭窄的阁楼都被塞得满满当当。二嫂怀孕生下孩子后更显逼仄。后来哥嫂又生下了第二个儿子,住房更紧张。章国敏已不能睡在狭小的后客堂,只得借宿在邻居家的阁楼里。

夜色深沉,空气中弥漫着豆浆的香气。"轰隆、轰隆"声从磨浆机传来,与弄堂的寂静形成鲜明对比。章国敏弓着身子进邻居家二层阁楼。他轻轻点亮一盏小小的电灯灯珠,在被子上摊开书,抓紧每一分一秒看书:《烈火金刚》《苦菜花》《迎春花》《敌后武工队》《青春之歌》《红岩》《革命家庭》《铁道游击队》《林海雪原》《上海的早晨》等。每一本书的内容他都信手拈来。看得晚了,二哥在楼下把电源切断。灯灭,黑暗笼罩了四周,章国敏只得在心中回味书中的精彩,久久不能入睡。

上初中后,章国敏却被告知只剩两条路:要么回农村务农,要么去南京东路宝大祥服装工场当学徒。生活的重压让他无法选择梦想,只能屈从现实,开始了艰辛的学徒生涯。进工场时,学习针线一周,他的右手中指被针屁股扎得血肉模糊。每天上班学习手艺,下班去夜校补习初中课程,生活困顿,却依然坚持。冬天寒冷,工场间补助棉花,他给自己买了一块咖啡色人造棉凡立丁做面料,用家里带来的旧衣拼制成夹里。

两年的学徒生活后,驻北京空军部队招收雷达操纵员,怀抱从军梦的章国敏毅然报名。他在群山中守卫着祖国,度过了整整五年半的军旅生涯,把青春献给了他钟爱的这片土地。

退伍后,章国敏又回到了鱼骨弄堂。他的内心从未因年岁的增长而感到满足,反而愈加渴望去弥补那些失去的学习时光。汉语言文学、法律,这些看似和他的军旅生涯毫不相关的学科,却深深吸引了他。他自学了汉语言文学专业和法律专业有关课程。他总是准时出现在雁荡路上的中华职校。那里的课堂是简朴的,木桌椅有些年头,发出轻微的嘎吱声。他时常坐在教室的角落里,聆听着上海教育学院的教授们讲解"古代文学""现代文学""现代汉语"等课程。有时他还会带上一两本他从图书馆借来的书,向老师请教其中晦涩难懂的部分。他订阅了《中文自修》,他在那些简明的写作指导和语言分析中找到了自己之前未曾注意的细节。文章的逻辑、结构、语感,甚至遣词造句的精细之处,都在他反复阅读中被消化吸收。夜深人静的时候，伴随着台灯下的昏黄光线，他会拿出笔，在空白的纸页上写下自己的读书心得。

在工厂工作时，他的学习从未局限于课堂和书本，常常去卢湾区图书馆。每当走进图书馆时，仿佛进入了另一个世界。二十多年来，图书馆的管理员早已熟悉这位年过半百的老人——总是背着一个包，神色宁静，步伐不疾不徐。他的书包里，装着每周归还的几本书，又装上了下一周即将开始阅读的新书。后来，他写了近500篇文章，有回忆录、散文、游记、随笔、报道等。许多文章刊登在五里桥社区晨报、五里晚霞报、上海老年大学校刊等报刊上。

布面牧场

从工厂退休后，章国敏接触了水彩，学会了色彩，却还是喜欢油画的表现力，决心报名上油画课。妻子极力反对，认为油画成本高、味道重。可他执意报名油画课。凌晨三点，他早早排队，只为争取一个名额。

"凡报名的同学都要把作品给老师看过，通过后才能入学。"得知了报名的条件。71岁的他怀着忐忑的心情，带着一幅"游船"主题的油画走进老师的办公室。老师点头通过，章国敏终于松了口气。

作为初学者，章国敏学油画初期遇到了诸多困难。他从许多照片中挑选出一张照片，取名为《牧场》。一幅完整的作品要在构图、色彩的处理上达到理想的艺术境界。《牧场》油画画幅大，以前画水彩画画幅小。画面的点、线、面和黑、白、灰的结构关系都融合在一张图中。画幅变化了，物体的点线面也变化了。整体结构上的不连贯造成了画面物体的不和谐。油画全然不是工厂流水线式生产，如何在如此丰富的绘画天地进行耕种，章国敏花费了一番功夫。他转头向油画老师请教。纯白的屋面导致画面突兀，栅栏太小画面比例不对。章国敏看着自己的画，数次审视后采纳了老师和同学的建议。数次修改后他终于对油画画面的视觉效果有了把握。

一眼望去画布上一片绿色的乡村景致。绿意盎然的草场铺展在眼前，层次丰富的绿色描绘出牧场的生机与丰饶。远处几座简朴的木屋，掩映在淡淡的雾气与浓密的树林中。近处蜿蜒的栅栏分隔着土地，仿佛指引视线深入画中。变化的彼处赋予油画浓郁的质感，展现出牧场的平静氛围，令人感受到大自然的纯净与乡村生活的悠然。

后来《牧场》和其他学员的作品一起在刘海粟美术馆展出。章国敏神采奕奕地站在展览墙前，手中握着一本厚重的作品集。背景是一幅鲜艳的蓝橙色展板，上书"上海老年大学油画班作品展览"字样，展示了艺术创作的丰硕成果。章国敏穿着朴素的灰色条纹 T 恤，手中的作品集是他多年来耕耘艺术田野的结晶。

绘外墙画

瞿中居委会的干部们找到章国敏，请他为小区绘制两幅外墙画。有了绘制大画幅油画的经验，他应承下来。章国敏站在空旷的街角，抬头望向那高耸的外墙。风微微拂过他的脸颊，掺杂着秋日清晨的丝丝凉意。眼前已不是斑驳的灰白色墙面，而是等待着他用画笔点燃色彩与生机的广袤画布。

清晨 5 点天未亮，他便独自背着画具来到墙前。墙面高耸，像一块巨大的空白画布迎面而立，与章国敏对峙着。街道寂静无声，只有章国敏一个人站在梯子上，手中的画笔在空中轻轻挥动。天逐渐亮起来，车水马龙，行人不断往来。对章国敏来说，在梯子上画大面积外墙画，不仅是技术的挑战，更是一种耐力的考验。悬空的手臂、疲惫的双腿、背后不断流动的喧嚣。每一笔都是时间与重力的博弈。

然而,绘画的过程并不像想象中那样顺利。

天空突然变暗,雷声轰然作响,随后倾盆大雨骤然而至。章国敏连忙收起工具,但猝不及防间,整个人已经被大雨淋透。他无奈地笑了笑,衣服贴在身上。就在他专注地描绘着最后一笔的时候,一阵强烈的失重感袭来。章国敏心中一惊,脑海中只来得及闪过"危险"二字。梯子的踏板似乎与地面产生了距离,直直地向下坠落,他重重地跌落在地。妻子担心的事情最终还是发生了。章国敏心里却不在意,休息片刻后便重新拿起了画笔。

当有人停下来多看几眼,甚至与他短暂交谈,夸奖他画得好,字也写得好时他便感受到一种来自外界的认可,这认可无声却极有份量,仿佛为他颤抖的手指注入了新的力量。胡老师曾站在画前,轻轻点头,指着画中的某个角落:"这透视不错,立体感很强。"他语调平和,但那微微上扬的嘴角,已然透露出心中的赞许。

陆老师也接连点头,夸道:"越来越好了。"这些专业的评价虽然寥寥几句,却像是清风吹过他心中的湖面,荡起层层涟漪。章国敏从梯子上走下来,与他们短暂交流,虚心听取他们的建议。对于准确而中肯的意见,他一一采纳,并带到第二天的画面去。

一位瘦高个子先生每天都会早早地来,仿佛为了看他画画。他的目光带着些许敬佩,常常在一旁默默观看,偶尔开口:"我要学习。"连着几天这位瘦高个子先生都来看他绘画。他和章国敏之间没有更多的交流,仅仅是通过唯一的桥梁——绘画,彼此之间形成了不言而喻的默契。

"我爱人路过,总是看你画,说你画得好。"一旁的女士说道。章国敏思忖,过路人或许并不懂得什么是透视和比例,也不懂什么是色彩和线条,但他们能从中感受到某种美,这便足够了。

行人从他身后走过，或匆匆而行，或驻足片刻，像是观赏一幕城市的静态剧目。起初，这些简单的夸赞只是掠过耳畔，但随着时间的推移，它们像绘画的笔触一样不断叠加而上铺满画布。在他心里绘画不仅仅是在孤独的铝合金梯子上的创作，更是一场无声的对话——与这座城市，与它的居民，与他自己。

经过几年的学习，章国敏的绘画技巧逐渐成熟，他逐渐从学习者变成了一个教学者。在画社里，章国敏的身影频繁出现在课堂的讲台上，给热爱绘画的学员们传授着他积累的宝贵经验。他开设了多个课程，涵盖钢笔画、水彩画等，尽心尽力地将自己的艺术热情传递给每一个学员。他还给瞿中里委小朋友上绘画课，示范如何将简单的线条变成生动的形象，如何将普通的色彩运用得鲜活而有趣。他会给孩子们展示他自己曾画过的外墙画，指导他们如何画外墙画，鼓励他们大胆发挥想象力。

疫中丹青

在上海老年大学学习水彩画后，章国敏又学习了钢笔淡彩画。从最基本的线条练习开始，一笔一画地勾勒简单的图形。他又买了许多油画、丙烯画、水彩画、钢笔画、素描画的教材，想将这些技巧融会贯通起来。

钢笔淡彩不同于油画，它轻巧而精致，先用钢笔勾勒出简洁利落的线条，再以淡彩渲染其中，少了厚重的油彩，多了灵动的清新。他绘出的"卢浦大桥"简洁几笔，却透视精准，蓝色的层次渲染出立体感，让人仿佛站在桥下，迎着江风。报上刊登了他的"卢浦大桥、上海世博会博物馆、五里街道文化中心、八号桥、都市花园、南园"等40余幅画作。上海诸多街景呈现在他的画作中，但章国敏总觉得缺少了一些什么。

疫情袭来,这座城市的脚步为之一停。章国敏已是76岁高龄,作为一名普通的市民,他的画笔却未停。他虽未能亲赴抗疫一线,却以画笔代之。他坐在桌前绘画,偶尔站在窗前休息。他坐在画板前,专注地调和颜色。他那简陋的书桌,虽然狭小却井然有序。台灯、笔筒、画笔、颜料,都安静地陪伴着他。画板正中央的夹子扣住参考照片。清晨熙攘的菜市场、安静的公园长椅、行人匆匆的街头——不见,画面场景变为许多疫情中的勇士。

灯光微弱,只有笔与画纸在搏斗。四周静谧,城市也静谧,唯有眼前的硝烟。沙沙沙,第一笔落下,第二笔落下,第三笔落下……

第一幅作品是一位牺牲医生的肖像画。人虽然离去,但他的坚毅与勇气始终激励着无数人。章国敏用钢笔勾勒出医生的轮廓,细致描绘了他那双坚毅的眼睛,眼神中透出无声的力量。这只是个开始,他的画笔继续追随着那些在一线奋战的医护人员。厚重的防护服、压在鼻梁上的口罩,这些细节在他的画作中一一呈现。他的画作没有刻意渲染悲壮,而是通过细腻的笔触,传达出这些无名英雄的伟大。

随着疫情的蔓延,社区也成为抗疫的第二战场。章国敏的"战场"也随之转向,内容也从医护人员扩大到了志愿者、社区工作者。

他敏锐地捕捉到了这场战斗中每一位无名英雄的身影,并通过自己独特的艺术表达方式,记录下了他们的故事。那里成千上万的志愿者默默奉献着。社区工作者们挨家挨户地排查居民,宣传防疫知识,分发防护物资。他们的身影出现在风中雨中,也出现在章国敏的画中。他最爱的是捕捉那些感人的瞬间,街道静谧无声,唯有一两个孤独的身影。

两位医护人员身穿厚重的防护服,在岗位前稍作喘息。他们的面容已被防护设备完全遮挡,但从那疲惫的姿势和略显松弛的身体语言中,依然能够感受到他们的劳累与无声的坚守。窗外透过的绿意,仿佛是春天的到来，却与室内的宁静和疲惫形成了鲜明的对比。章国敏细致地描绘出那份寂静中的坚韧，显现出一种难以言喻的力量。他将这幅画命名为《稍稍休息》。钢笔勾勒出清晰的轮廓，再以淡彩点染。他刻意让色彩显得轻盈柔和，仿佛是为了不打扰这难得的宁静时刻，仿佛一切都偃旗息鼓。

日复一日，章国敏没有停歇，他的画作在不断增加，情感也更加充盈。当疫情逐渐得到控制，城市开始复苏，回望过去的数月，他的画板上已满是两百多张钢笔淡彩画。每一张画作，都是对那段特殊时光的记录与思考。

2020年，五桥里社区中心张主任联系章国敏，希望为他的抗疫画作举办一个展览。画展如期而至，展厅内悬挂着他最珍贵的作品。医护人员的抢救场面、丈夫送别奔赴前线的妻子、最年长的患者与最年幼的患者康复出院、解放军指战员冲上抗疫前线……每一幅画作都像是历史的缩影，凝结着泪水与微笑，凝结着无数人的共同记忆。

钢笔淡彩画展出一个多月后，又在街道各个社区巡展，受到了许多人的关注与赞许。部分画作继续刊登在五里桥文化中心公众号上。上海市老年摄影专业委员会，专门为章国敏50余幅钢笔淡彩抗疫图，出了一期会讯报道。

走进画中

当疫情再次肆虐，70多年的岁月教会了他，焦虑并不能解决任何问题。在无助的情绪中，章国敏开始重新安排自己的生活。

他身着防护服推着那蓝色的推车，搬运着沉重的生活物资，一袋袋沉甸甸的大米、蔬菜。汗水从他的额头滚落下来，手中的推车愈发沉重，但他每一步都走得坚定有力。即便年岁已高，他的双手不再仅仅用来作画,而是在这抗疫的前线,为许多家庭送去慰藉。

作为一名画家,章国敏没有忘记他的另一重身份——记录者。他开始用画笔记录下自己在抗疫中的经历。那段时间,他创作了大量小幅钢笔淡彩画,记录下了艰苦卓绝的抗疫岁月。那些清晰的线条,鲜明的色彩,仿佛是这段历史的真实写照。钢笔淡彩抗疫图200余幅,他将自己的情感与回忆放入了这些画作中。

在他的画作中,最具代表性的便是那幅《卸大礼包》。这幅钢笔淡彩画无疑是他抗疫工作的缩影,而他自己则成为这幅画中最真实的主体。在画中,章国敏身穿志愿者的防护服,与同伴们在一辆红色大卡车下忙碌地搬运物资。那一刻,阳光从稀疏的云层中撒落,给整个画面笼罩上了一层柔和的光辉。绿色与橙色的点缀为沉重的礼包袋增添了些许活力与温暖,象征着生活物资中的希望与生命力。阳光打在章国敏的肩膀上,他低头搬运物资的姿态被线条勾勒得简洁有力,仿佛要让每一位观者都感受到那一刻的真实与沉重。当他完成这幅作品时,内心充满了难以言喻的满足与平静。这不仅是一幅画作,它更像是一面镜子。疫情中的风雨渐渐远去,城市的街道再次喧闹起来。

在他的书架一角,静静堆放着那些沉甸甸的荣誉证书,那是他一生的积淀。而旁边整齐排列的日记本,记载了他生命的点滴。他坐在书桌前,凝视着那些日记和证书,仿佛看到了一幅尚未完工的画卷。他轻轻提笔,继续为这幅画添加新的色彩。

程倚飞:2000年生,上海大学文学院中国创意写作研究院2022级硕士研究生。

在人们看不见的静默处
——古籍修复师王晨敏的故事

张杏莲

上海图书馆东馆,坐落于浦东繁华地带的中心。

数日大雨,洗出了一片包围它的木质清香。只需轻轻一吸,再望向枝头,便可认出东馆前的树林是一片香樟。香樟是江南最普通不过的树种,但对爱书的古人而言却意义非凡:香樟是防虫的绝佳材料,古人常借助樟脑或者樟木箱避蠹。在上海图书馆里,有一群人很熟悉这种味道,甚至每天都要在其中停留很久。

案台上,残损的书卷缓缓展开,樟木的香气随历史的尘埃抖落。故纸堆里,他们屏息凝神,手中的毛笔稳而有力,轻轻浸湿每一个破损的孔洞。修复纸柔和地附着在泛黄古叶上,粘连的一瞬,两张相隔百年的纸叶巧妙融合。纸张的纤维在捶打和按压中慢慢连接,仿佛为一段生命的绝响续上新弦。这是一群有着补天之手的古籍修复师,而王晨敏正是其中的一员。

人说纸寿千年,可是古籍的寿命也有赖于那一只只樟木盒与那一双

本篇主人公王晨敏,1983年生,2005年起就职于上海图书馆(上海科学技术情报研究所)历史文献中心文献保护修复部,师从国家级古籍修复技艺传习所导师、非遗传承人张品芳老师学习古籍修复技艺。2016年起,负责复旦大学古籍保护与修复方向专业硕士生在上海图书馆的实践教学辅助工作。2017年起,担任上海市信息管理学校特聘教师。曾为"墨彩斑斓·石鼓齐鸣——石鼓文善本新春大展"修复16件拓片,为"文苑英华——来自大英图书馆的珍宝展"中方展品修复《瀛寰琐记》等。曾在大陆地区与台湾省《书香两岸》杂志上发表《中国古籍修复现状》一文。

双手。樟木盒子往往有着其貌不扬的外表，而王晨敏的手也十分普通，纵横交错的纹路里是时光留下的粗糙痕迹。

然而，在时间的意义上，古籍修复师的工作则不止是挽留，王晨敏的意义也不止是古籍修复师。

从师范到文保：针线穿起人生的纸页

2005年，王晨敏即将大学毕业，所有同学都在为找工作忙碌着，王晨敏也不例外。寝室的桌子上，一份填写好的简历正在等待投递。表格上的专业栏里，"历史师范专业"几个字仿佛预示着一种毫无悬念的人生路径。然而，这唯一的一份简历却没有循着路径去往上海的任何一所学校，而是寄到了上海图书馆的文献保护修复部。

文献保护修复部的古籍修复师，在那时，还是一个鲜少有人关注的职业，"当时全国的古籍修复师人数不足百人"。大学期间，钟爱历史的王晨敏阅读了不少古籍，在偶然了解到古籍修复不容乐观的状况后，他萌生了试一试的想法。这一年三月，王晨敏收到了上海图书馆的实习通知，这是他第一次踏入古籍修复师的行业大门。然而，隔行如隔山，从历史师范到文献保护，对于从未接触过古籍修复的王晨敏而言，这样的选择意味着一切又要从零开始。

初入行时，王晨敏整日埋头于成堆的古籍里。头四个月，他几乎每天都只做同一件事情——给古籍穿线。古籍修复是一项精细活儿，残损的书卷不能直接整本修补，而要把书叶拆散后再一张张小心操作。王晨敏给古籍穿线的工作，就是把修复好的一摞摞书叶再重新装订成册。文献保护修复部里终日寂静，王晨敏坐在修复台前，将散落的书叶轻轻捏在手里，用虎口抵住天头和地脚，靠纸张的自重将参差的书叶撒齐。整理好的书叶被平放在案台上，随着几声清脆的敲击划破寂静，书锥被小锤慢慢钉入纸叶。王晨敏小心地注视着一切，待锥子尖稍稍露出另一面的书皮便马上停手。书眼打好后，王晨敏放下手中的锤和锥，又拿起一旁的针和线。他眯着眼将视线不断凝聚成点，最后只剩针眼里的一点光线。丝线沿着光线穿去，总是要脱落几次后才能艰难挤过针眼。银针牵着丝线游走于几个书眼之间，从书眼穿入，由书脊绕回，依次递进，将一张张古籍连缀成书。王晨敏的动作流畅而又细致，每穿一针，他的手便会在空气中稍稍停顿，确保丝线的牢固与美观。

穿线是古籍修复的最后几个步骤之一，和其他精细的步骤比起来，它上手最快，也最不容易出错。可对于一个刚刚学习古籍修复的新手来说，看似简单的穿线也令人犯难。捶打、针扎、捆线，每一个都是需要使劲儿的活儿，可这劲儿却偏要使在最柔软易碎的古籍上，这就要求穿线的力道要准、细节要精。若是穿紧了，书叶容易因长年累月的受力损坏；若是穿松了，书叶又总是滑动脱落；若是穿的时候手忙脚乱起来，手里的线更是跟着乱作一团。每一个细节都马虎不得，刚开始时，王晨敏一天根本穿不了几本书。

日复一日，手起针落。给古籍穿线最难的，不只在手，更是在心。这是一项很磨耐性的工作，长时间的枯燥无限放大着人体所有的感官，似乎一点轻微的响动就会挑起一阵神经的波澜。王晨敏并不是文献保护修复部唯一的新人，与他一起实习的还有一位同龄的男生。但是，在穿了两天古籍后，修复部就再也没有出现过他的身影。不过，王晨敏却坐得住这个冷板凳，旁人的离开并没有动摇他学习古籍修复的决心。他反而觉得，与古籍的朝夕相处让他真正踏入了这个新的行业。古籍是他从历史专业走进古籍修复的桥梁，一根根针线穿起了在时光中破碎的书叶，也同样穿起了他不同阶段的人生纸页。

在此后的一百多天里，王晨敏定下心来在修复台前不停地穿线。四个月后，王晨敏的手越穿越快，一天就能穿好四五十本古籍。王晨敏的心也越穿越静,他仿佛与手中的针融为一体。古籍穿线讲究的是不走回头针,而王晨敏也凭着一股子肯学的韧劲,在古籍修复的学习道路上不再回头。文献保护修复部的老师们看王晨敏能静得下心来学,都非常喜欢这个年轻的小伙。在正式入职后,王晨敏开始跟随张品芳、邢跃华等上海图书馆第三代古籍修复传承人学习,一学就是二十年。

一次完整的古籍修复大概需要经历大大小小二十道工序,拍照、建档、配纸、调浆、装帧……每一道工序看似简单,却都需要大量的时间去学习和实践。古籍修复师需要耐得住寂寞和清贫,在人人追求速度的时代,这注定是一个比较冷门的职业。许多人觉得这一行学起来太慢,但王晨敏却对这种"慢"有着不同的理解——"修古籍,学起来慢,但也意味着更不容易被淘汰"。比起快速更迭的潮流风尚,王晨敏更加信任这种学习中的"慢"。"慢"是厚积薄发,"慢"是行稳致远。"慢"是他敢于从零开始的底气,"慢"也是他择一事终一生的信念。

回想起曾经的这段经历,王晨敏觉得自己与古籍修复有着深深的宿命羁绊。18岁那年,王晨敏的高考作文题目正与非遗相关:"近年来,我国的泰山、长城、苏州古典园林等已被评为世界历史文化遗产。越来越多的人开始意识到其中蕴藏的巨大价值,并自觉地为保护这些遗产作出种种努力……"在决定人生命运的考场上,这个18岁的少年第一次与非遗结缘,在作文格里写下了交心之言。那一年的作文题目似乎也在冥冥中为他的人生埋下了伏笔——王晨敏和爱人都是2001年的考生,如今,一人成了古籍修复师,一人则成了昆剧团工作人员。没想到,高考考场上的那一篇非遗答卷,一交便是一生。

从小白到高手:一场学无止境的历练

在上海图书馆的古籍库里,一排排修复完整的古籍陈列于书架之上，散发出岁月沉淀的香气。王晨敏入行后学得很快，书柜里许多古籍的修复都出自他之手。在这些古籍中，一部佛经《大般涅槃经疏卷第二上》令王晨敏记忆犹新，封存着他曾经最困难的一段修复经历。

2013年，正在修复部工作的王晨敏接到了一项新的任务，负责修复破损的《大般涅槃经疏卷第二上》。这是一部传自明代的善本古籍，有着较高的文物价值。六百多年的时间在它身上留下了千疮百孔的印记，佛经上的许多部分已经碎裂。碎纸上是重重叠叠的佛像，长得非常相似，这让古籍修复的难度大大增加。2013年是王晨敏从事古籍修复的第8个年头，此时的他早已熟练掌握了修复的各项技艺。可面对这样一本情况复杂的古籍，王晨敏的心里也没了底。

破损的佛经被小心翼翼地摊开在修复台上，由于经纸絮化、粘连严重，王晨敏只能用竹起子将佛经的每一折慢慢揭开。每一个动作他都不敢大意，呼吸声也变得格外轻，生怕惊扰了纸叶脆弱的肌理。书叶上，到处是书虫饱餐一顿留下的痕迹，酸化也使得纸张的纤维极易断裂。望着清理出的碎纸片，王晨敏一时不知该从何处下手。但修复不能因此停滞，为了能够辨认出每一个佛像的身份和位置，他开始到古籍数据库中查找大量的文献。凭借着画像上的蛛丝马迹，他一点一点进行比对，仿佛侦探一般，还原出每一片碎纸曾经的模样。古籍数据浩如烟海，一开始，辨认工作推进得很慢。但随着被还原的佛像越来越多，王晨敏的速度也越来越快。细小的画像对眼睛和大脑都是巨大的消耗，不过王晨敏却能苦中作乐。他把这当作了一场特别的拼图游戏，不断复原着时光中散落的历史碎片。最终，在经过长时间的努力后，一张张佛像重获完整。

然而，一个问题解决，新的问题却接踵而至。古籍修复需要在书叶湿润的状况下进行，但纸张遇水之后收缩膨胀的方向未必一致。与普通的线装书不同，佛经的装帧形式是经折装，如果没有处理好，纸张折回后可能无法完全平整对齐。王晨敏虽已修复过许多古籍，但经折装修复还是第一次。于是，他主动向老师请教经折装的修复经验。经过多次探讨后，一个可行的修复方案终于敲定，充分的学习和准备也让王晨敏悬着的心完全沉静下来。他站在佛经前，将经纸稍稍喷湿，严格控制着附着在纸上的水分。然后，将经纸碎片比对着拼放回原来的位置。在那些破损的孔洞处，他将准备好的补纸喷湿后轻轻放上填补。在补纸与经纸的边缘处，他用手术刀适当刮薄，使交界处平整自然地衔接在一起。修补完成后的纸张往往会像月球表面一样凹凸不平，于是，他将经纸再次重新喷水，用吸水纸中将每一叶完全压平。这本佛经的修复困难而又漫长，但当纸张沿着经折的痕迹慢慢收回，最终完美地合上时，王晨敏沉静了许久的心骤然沸腾。

平日里，为了让更多的人能够理解古籍修复，王晨敏常常把修复师的身份比作"古籍医生"。古籍修复的程序看似大同小异，但其中却有着各种各样棘手的疑难杂症。不同的保存环境，不同的经历遭遇，都会让每一本古籍呈现出不同的状况。古籍自然破损的原因十分多样，火烧、水泡、虫噬、酸化、霉烂、残缺……有的古籍甚至已经面目全非，成了难以掰开的"书砖"。"如果一个医生一辈子只看感冒，那他的医术水平就永远停留在这了。古籍修复也是如此，要在这门技艺上精进，那就必须活到老，学到老。"对于古籍修复师来说，只学会师父传授的基础知识是远远不够的。师父领进门，修行靠个人。古籍修复的工具需要自己在一次次实践中磨合，古籍修复的经验也需要自己在一个个案例中积累。每一次新的修复都意味着新的学习和尝试，都会带来新的成长。

上海图书馆是国内最大的古籍及善本保存机构之一，在这里，王晨敏遇见了许多不同的修复案例。各式各样的古籍情况在王晨敏的脑海中汇聚成库，他能轻松应对的修复工作也越来越多。不过，即使已经成为一名成熟的古籍修复师，王晨敏也明白转益多师的重要性。除了馆内的修复工作外，他也会经常到全国各地参加古籍修复的技能培训。对于王晨敏而言，学习的机会不分大小，即使培训的内容是初级技能，王晨敏也从不糊弄。他不仅会积极承担助教的工作，和学员们一起分享自己从零开始的学艺历程，还会和许多来自县市的修复师探讨当地的古籍保护状况。作为中文古籍的修复师，王晨敏还会主动参加西文的修复培训。2011年，王晨敏前往广州，接受了德国古籍修复专家芭芭拉·哈瑟尔的课程培训。中文古籍修复与西文古籍修复之间存在许多差异，中文古籍大部分只涉及纸质的修复，但西文古籍往往还涉及皮革、木工、金属等材料的修复。西文修复的跨工种属性让王晨敏大开眼界，他将学到的知识融合进自己的工作中，不断寻求新的突破。

如今的王晨敏，已从那个初出茅庐的少年成长为上海图书馆古籍修复技艺的第四代传承人。不过，"出师"并不意味着学习的终点，古籍修复的静而沉稳也并不意味着工作的静而不变。"修复本领不是一朝一夕能够练成的，必须滴水穿石"，从技能小白到修复高手，王晨敏深知这是一场学无止境的修炼。

从修书到修心： 古籍背后的脉脉温情

一个人，一张桌，一摞碎纸叶，一段从白到黑的时间。王晨敏在慢中与时间赛跑，抢救着一本本濒危的古籍。不过，修复的意义似乎远不止于古籍。

2021年，王晨敏收到了同事的微信，一位老读者想要借阅一本上海图书馆馆藏的古籍家谱。这原本并不是什么特别的事情，可老读者在提出借阅申请后身体状况急转直下，而这本家谱尚未完成修复，状况也同样不太乐观。而且，家谱无法提供出馆借阅服务，即使能够勉强阅读，也无法到达老人手中。可是，在医院里，一位老人还在用最后的生命等待着与古籍的相遇。如果狠心拒绝，这本家谱可能将成为老人终身的遗憾。藏与用，是图书馆需要面临的永恒命题，如今摆在了王晨敏的面前，让他陷入了两难的境地。王晨敏不禁思索，古籍修复的意义究竟是什么？在藏与用的命题里，古籍修复师正是平衡两者的关键。古籍修复，既是为藏书延续寿命，更是为人们的阅读保驾护航。

于是，在经过短暂的商讨后，一场古籍与生命的双重抢救就此拉开。王晨敏和同事决定特事特办，他们以自己的修复技术打下包票，允许这本家谱先看后修。可是，老人已经没有能力再从医院来到图书馆，而家谱又无法出馆给读者阅读，先看后修似乎也无法解决问题。这时，有同事提出，采用数字化的形式将家谱制作成影像。虽然老人无法亲手触碰到古籍，但这是目前最好的办法了。为了不给古籍造成再次损伤，王晨敏和同事顶着不小的压力完成了家谱的数字化，最终交由家属带到了老人面前。医院里，老人已经疲倦的心在看到家谱的一瞬间似乎又跳动了起来。在生命即将逝去时，老人在家谱中又看见了自己生命的来处，古籍存在的意义在这一刻彻底具像化。一位耄耋老人与一本百年古籍就这样相遇。数字化过程中的小心操作没有让家谱进一步遭受损伤，在这之后，王晨敏和同事迅速对家谱进行了修复和抢救。

最终，老人带着家谱中的历史离开了这个世界，而修复好的家谱却带着老人的故事继续长留世间。人类的抢救与古籍的抢修以一种奇妙的形式在此刻重叠，在古籍修复的学以致用里，是极具人文关怀的脉脉温情。老读者的家属对此非常感动，他们表示想以锦旗或者酬金表示感谢，但王晨敏谢绝了他们的好意，因为古籍修复存在的意义，本就是为了守护文脉与人心。

作为文献修复师和文献保护中心的副主任，王晨敏对人类情感的守护并不仅限于古籍。在以主题馆为特色的上海图书馆东馆里，五楼的美术文献馆显得有些特别，在淮海路上海图书馆本馆中并不能找到与之对应的场馆。因为美术文献馆的修建初衷，是为了展示碑刻传拓及拓片装裱和古籍修复这两项技艺。所以，从东馆建立开始，五楼的美术文献馆就交由文献保护修复部负责设计。一位古籍修复师，忽然要负责设计整个场馆，王晨敏为此又重新自学了不少东西。场馆需要进行空间布置，他便去学设计；场馆需要添置各种物品，他便去学采购。为了能让更多的读者爱上图书馆，他凡事亲力亲为，四处学习。王晨敏会把每一项工作都记录下来，大到展陈设置，小到采购桌椅和电话机。在别人看来，这些琐碎的工作令人心烦不已，可王晨敏却并不这么认为。这些新事物的体验让他觉得"特别好玩"，每一件要学要干的事情在他眼里都变得有趣。或许正是因为这种饱含着热爱的态度，让美术文献馆的每一处细节里，都藏着他对读者的用心。

读者一上五楼，就可以看见美术文献馆西面巨大的透明落地窗，窗外的景色随着光线涌入室内，令人心旷神怡。站在窗前驻足远望，高大建筑下摇动的绿波正是图书馆前那一片对古籍意义非凡的香樟林。为了能让读者有更好的阅读体验，王晨敏特别安排了场馆各个空间的布局。从北到南，由动到静，在活动教室、展厅、电子资源阅览区、阅读区、办公区的依次过渡里，竟藏着如此人性化的小心机。如果读者仔细留意，会发现阅读区的桌子比其他地方要格外大些，这也是王晨敏在设计之初的特别用心。许多到这儿来的读者都有绘画或书法的临摹需求，宽大的桌面能让读者更好地自由施展。像这样的小细节还有许多许多，或许读者们不会轻易察觉，但这些设计带来的舒适感却真真切切。夕阳西下，落日余晖从西侧的玻璃窗洒向馆内。玻璃墙上，是清代书法家张照洋洋洒洒写下的《岳阳楼记》。影影绰绰间，谁能不为那一句"不以物喜，不以己悲"动容。

从业二十年里，王晨敏不仅缝补古籍，也缝补了许多疲倦的心灵，而他自己也在这个过程中完成了一场修心之旅。许多人都说古籍修复清苦，可王晨敏却做得不亦乐乎。在自己的微信签名里，他写下了一句——"快乐的修书人"。

从幕后到台前：学习让人生从不设限

在人们看不见的静默处，古籍修复是一项居于幕后默默耕耘的事业。不过，随着非遗传承不断进入公众视野，王晨敏也迎来了走向台前的新机遇。

2010年，上海世博会的公众参与馆里人头攒动，围观的人群中，有一片小场地在喧闹中显出特别安静。场地上，王晨敏正与修复部的老师们一起站在石碑前，用手上的拓包在薄薄的纸张上均匀敲打。随着拓包一次次有节奏地落下，纸张上渐渐拓印出石碑上的字迹。古籍修复师们的动作又轻又缓，没有特别多抓人眼球的动静。可是，路过的许多观众依旧忍不住为之驻足，流动的人群在经过他们时变得尤为缓慢。

这一次展演，是上海图书馆在世博会上的一次特别亮相。项目申报时，上海图书馆的"碑刻传拓演示"在一百多个"秀·空间"项目中脱颖而出，而王晨敏正是这一项目的成员之一。这是上海图书馆第一次将碑刻传拓的技艺推向如此盛大的舞台，也是幕后修复古籍的王晨敏第一次在那么多人面前展示这项非遗技艺。碑刻传拓是王晨敏的工作日常，无数次的学习和实践早已让他对这项技能烂熟于心。可是，从前的碑刻传拓都是在安静的工作室里进行，这一过程对纸张的平稳、修复师的专注、力道的稳定都有较高的要求，而展示空间中的嘈杂环境无疑会对这些因素产生不小的影响。但是，这样的机会来之不易，碑刻传拓如果能在世博会上大放异彩，那么这对非遗的传播将带来巨大助力。

于是，在世博会开始前的几个月里，王晨敏一有时间就在工作室里反复练习。他尽可能地想象还原将要面对的情景，即使在喧闹的环境里，也做到心无旁骛地传拓石碑。技艺展示当天，王晨敏已经能够忽视外界的干扰，如入无人之境。他将拓包在耳边轻轻摩擦，通过细微的声音差别辨识其中的墨量多少。拓包轻轻拍打在石碑上，随着墨水将纸张逐渐洇透，石碑上的字迹清晰地出现在宣纸之上。碑刻传拓的动作行云流水，在技艺展示中呈现出一种独属于中国非遗的美。那一年的碑刻传拓演示给公众留下了极为深刻的印象，越来越多的人开始知道，在上海图书馆里，还有这样一群人以古籍修复的方式连接着历史与未来。

与许多喜静的古籍修复师不同，王晨敏性格外向，善于表达，既能坐得住古籍修复的冷板凳，同时也有一副传播非遗的热心肠。随着纪录片《我在故宫修文物》的爆火，古籍背后的守艺人们开始被更多的人看见。王晨敏觉得这是一个推广古籍修复的好机会，于是便通过各种途径不断走向台前。

从幕后到台前，王晨敏从不惧怕新的挑战和跨界，他不断通过学习突破着人生的界限。随着近几年新媒体的兴起，王晨敏又开始了新的尝试。他紧跟潮流学习如何直播，学习如何制作短视频，同时也根据年轻人的兴趣录制了许多有趣的线上讲座。王晨敏的线上授课十分风趣幽默，他总是像哆啦A梦一样，从兜里掏出各种"奇珍异宝"。有时是已经有些包浆的书叶刮片，有时是只有两个指节大的豆本文创。每一个小玩意儿的背后，王晨敏都能讲出一段引人入胜的故事。不过，王晨敏最喜欢掏出的还是古籍修复师在工作台上必备的"两把刷子"——一把棕毛稍长稍软，一把棕毛稍短稍硬。在做拓片时，由于墨汁的影响，石碑上的纸张比较湿润。为了让纸上的纤维不因拉扯而起毛，古籍修复师会先用棕毛稍长稍软一点的刷子细细扫平。当墨汁渐渐变干，另一把刷子则派上了用场。棕毛稍短稍硬的刷子往往能让墨渍与纸张更加贴合，纸上拓印出的字样也会更加清晰。在王晨敏看来，"两把刷子"既是古籍修复师的日常工具，同时也是古籍修复师的能力象征。在时代飞速发展的今天，古籍修复师不再是专工一技的行业，必须真有"两把刷子"，才能让更多的人了解非遗、学习非遗、爱上非遗。

在王晨敏的努力下，确实有越来越多的人对古籍修复产生了浓厚的兴趣。就在今年，他得知了一个令他十分欣喜的消息，一位曾经听过他讲座的孩子，在大学时真的选择了文物保护的相关专业。这个曾经书斋里代代相传无人问津的技艺，如今以不可抵挡之势走向了更多人。在寂静的古籍库房里，会有越来越多年轻的面孔与千百年前的时光相遇，在故纸堆里，为古籍，也为自己，翻飞出别样的新篇。

张杏莲：1999年生，上海大学文学院中国创意写作研究院2021级博士研究生。

不断翻页的人生
——动车维修师张华的故事

马 兵

返乡之前,她在行李箱里塞进新买的年货,一些给长辈的礼物,还有各式换洗衣物。回家一趟,她准备把自己裹得严严实实,棉衣、毛衣、保暖内衣一件不落。冬天绝不仅是一个季节,来自西伯利亚高原的寒流将冷意颤得十分具象,哈出热气就会变成白雾。

上海各处的街道两边,已经有不少店铺歇业了。她站在窗边,看着小区里愈加浓郁的年味有些雀跃。高铁票已经买好了,只等着如期进站,到时,至多半天时间就能到家。

像她这样的乘客还有很多。买到票的,正在候补票的,密密麻麻,都在等待那班高铁在几天后驶出,带他们回家。

而此时,手握这趟高铁驶出决定权的张华团队正陷入两难境地。

就在该列车即将完成高级修整体调试,准备投入春运时,班组成员在调试过程中发现,这趟高铁的主回路绝缘接近临界值——这意味着设

本篇主人公张华,1977年生,1997年参加工作,高级技师。现任中国铁路上海局集团有限公司上海动车段首席维修师,兼任上海市职工技术协会理事、上海开放大学(上海工匠学院)工匠导师、上海应用技术大学(机械学院)硕士研究生企业导师,南京航空航天大学"爱国奋斗"思想政治工作首席专家,上海交通大学和湖南高速铁路职业学院等校思政兼职导师,以及上海市劳模工匠技术服务队和上海市劳模工匠进校园团队成员。当选上海市第十一次党代表、上海市工会十五次代表、中国工会十八大代表。2024年全国新时代"百姓学习之星",2024年上海市"百姓学习之星"。

备可能有漏电的隐患。可要是从检修的要求出发,"接近临界值"就是还没有跌破临界值,列车可以交付使用。

张华拧紧了眉头,冬季气候干燥,当天天气湿度不大,主回路绝缘却接近临界值。变化如此明显,多年的检修经验告诉他,这车很可能有问题!

真的要扣下这列车继续排查吗?

张华面临两难的选择,要知道,春运期间票都已经卖出去了,很多人就等着这列车送他们回家呢。要是扣车短时间排查不出问题,在运力如此紧张的春运时期,就可能意味着旅客要滞留。可要是不扣下排查,万一真有问题,那可不是一件小事儿:运行过程中如果绝缘继续下降,就会造成动力丢失,引起列车降速,对于每隔七八分钟就有一趟列车驶过的春运线路来说,必将干扰运输秩序,后果不堪设想。

有同事当场就建议:"指标仍然是合格的,没有理由不放行。"但"动车检修无小事"的工作理念让张华决定查它个底朝天!

"原因不清楚,问题不解决,就绝不能放过。"确认了主基调之后,为了说服班组成员,他又说,"我们修车人要想着坐车人,要是我们的家人就坐在这趟车上呢?"他组织起班组技术骨干,连夜彻查牵引传动系统的每根配线和每个部件。

爬进车底设备舱,张华和班组伙伴们,在狭小的空间里弯着身子检查每一条路线的接驳与完好程度。为了更有效的排查,在黑暗的设备舱内他们戴着头灯,仔细排摸每个冰冷的动车设备,手指有些冻僵的时候,就哈一哈热气。时间长一些,哈热气也不管用了,张华就爬出来跺跺脚,搓搓手,换其他班组成员继续排查。血液流转不通的腿脚经这么一跺是又麻又疼,需要缓好一阵子。

这样的轮班作业一直持续到凌晨四点多,在一个连接器内部非常隐蔽的地方,他们发现了一处地方有"电蚀"痕迹,诊断出问题点后,问题修复对他们来说就简单了。几个小时后,值乘司机准点来到接车地点,交接过了一辆让所有人都放心的高铁,看着列车迎着朝阳驶出检修库时,张华心中充盈着欣慰和自豪!

动车的部件成百上千,它的电路和通信线路加起来有十万条左右。而寻找问题的源头,是张华每次检修的重中之重。从业至今,张华带领团队累计诊断处理重难点故障千余起,铸就零差错的传奇。

这份耐心与责任心的培养,却是经历了很长的一段路途。

学习,是件不间歇的事

那是毕业还分配工作的年代。

生在农村,张华渴望一个把他从田埂里捞出来的机会。成绩优异的他没有多少犹豫,就选择了包分配的铁路中专。从学习基础理论,到第一次摸到普速客车,再到熟练掌握普速客车的电气检修技术,他下了很多功夫。有点像是备课之于高中老师的重要性,张华以为,经过长时间的经验积累,自己就可以把客车上可能出现的各种问题摸索清楚,然后苦尽甘来,以不变应万变,逐渐成长为这些大家伙的体检师。

照常理是这样的,但现实总是变动。

2007年4月18日5时38分,时速可达每小时200千米的"和谐号"动车组D460次列车从铁路上海站出发驶往苏州,宣告着动车时代正式到来。科幻电影所展现的风驰电掣以及便利出行正逐渐成为现实。

这意味着,检修师们要从头学起了。

2009年,张华作为第一批技术人员前往动车组的制造基地学习。动车组作为新生事物,全新的技术上来就给了大家一个下马威。当基地的工作人员拿出动车组的电路图时,众人一片哗然。要知道,原本的普速客车拢共加起来也没有几张电路图,但基地的工作人员拿出来的电路图和配线图，加起来起码有上千张！这个数量就让所有人心头发麻。再细看，更崩溃了。甭说上面细密的元器件让人头疼，就是相对让人熟悉的英文标注，也大多是意义不明的缩略语，翻开词典都无从查起。

语言还不是最大的问题。这时候，动车在全国范围内都还是个新鲜事物。没有完整的培训体系，运用和维修领域更是一片空白，理论教程、实训基地甚至是经验丰富的老师傅统统没有，各个学校也还没有开设相应的专业。摆在他们跟前的，没有前人经验，没有即时教程，只剩下上千张"天书"。

几天下来，大家还是无从下手，苦不堪言。聚在一起一合计，发现单个找现场的老师求教，一天也学不到几个知识，效率未免也太低下了。大家决定，白天两人一组在厂里学习，晚上再几个小组集中起来，在一个会议室里对白天各自所学的内容进行相互交流，然后再消化吸收。

这天晚上，一个叫作VCB的英语缩略语引起了大家的注意。张华不知道它的意思，于是求教几位同学。

一人很快应答，"我今天找师傅专门问过了，他告诉我说这叫主断。"

听到这儿，另一人不答应了，"不对啊，我今天也问了带我的老师，他说这个是真空断路器。"

"可是我得到的答案是高压机箱。"第三种答案很快出现了。

众人更加摸不着头脑了，到底哪一个才是正确的答案？从三个答案的信息来源看，都似乎是可靠的，只能耐着性子接着往下学。在当时，这些专业术语很难找到一个权威资料得到解答。15年后的今天，针对这个问题，张华对我解释："其实三位现场师傅的答案可以说都对，只是不够严谨而已。真空断路器是VCB的官方名称，主断是它的简称，高压机箱是它安装的位置。"

这种学习环境下，张华能做的只有刻苦。

2013年的全国铁路动车组机械师职业技能竞赛上，张华积累下的真才实学得到了检验。当然，过程并不轻松。

比赛分理论和实践两部分，理论占30%，实践占70%，毕竟检修是以实践为重。而实践主要考核三项，两项是电故障处理，一项是机械故障排查。参加工作以来，张华在铁路客车车辆电气检修岗工作，后来又从事动车组调试工作，可以说，电故障处理是他的拿手好戏，操作起来得心应手。

但是，机械故障排查"单车检查"项目的考核，让张华很是头疼。进入竞赛集训队的第一天，教练组织了一次摸底考试，限时20分钟，要求所有学员进行一次"单车检查"。很多集训队员日常作业范围就是负责动车的日常维护工作。他们围绕车侧和车底，驾轻就熟地端详各处细节，不时还对一些部位敲敲打打，走到某些部位的时候还蹲下探身进去，不知道在摸索些什么。二十分钟的时间对他们来说，甚至不太够用，很多人又拖了一些时间，想要将各处零件排查清楚。

很快，轮到张华了。他走过去，围着车厢闲庭信步，晃悠了三五分钟就出来了。不是他太强，而是根本无从下手。和看到"单车检查"这个名词的你我一样，张华也不清楚要排查些什么内容。此前，他的工作内容主要是针对电气部件，对于机械部件几乎没有接触。

他没有涨红脸觉得不好意思。之前在动车基地学习的经历让他明白，没有什么知识、能力是不能学会的。"我的想法很简单，薄弱了，就自己加码。"

培训从五月中旬开始，一直持续到十一月左右，刚好碰到上海最热的时间段。天气炎热，尤其是在南方沿海城市，水汽伴着高温裹住人体，很是难受。所以，大家尽量把机械排查放在一大早训练，从早上八点一直持续到十二点左右。等到午饭过后，一天当中最热的时候，大家就在车上训练电故障排查。这样安排的原因很简单，机械排查是在车外检查，电故障排查则在车内进行，有空调吹。

张华是唯一不去吹空调的人。

他清楚自己的优势在哪里。考核的三项内容里，电故障排查很复杂，虽然难，好在有基础，是自己的强项。但机械故障排查不同，它遇到的问题不像电故障那样总是一些"活"问题，需要排查者要有电路复杂逻辑思维，而排查机械故障，往往是一些"死"问题，只需要熟悉流程，擦亮眼睛就能提升水平。

所以，在其他人在带有空调的车厢里进行电故障排查训练的时候，张华独自一人继续加练机械故障的排查。这时候，上海的温度已经达到30多度，地表温度更是接近40摄氏度。而机械故障的排查，需要完成一节动车和一节拖车两节车厢的侧面检查，然后钻到车底再检查走出的流程。在20分钟的时间里，张华要检查每一颗螺栓是否松动，每一根铁丝是否完好，部件有没有裂痕、擦伤，机器有没有漏油，或者一些连接器、卡箍是否有松动等异常情况；涉及轮轴、刹车片、牵引电机、齿轮箱、联轴节、减震器、空气弹簧等诸多重要机械部件的组装连接是否可靠、状态是否良好等机械问题。

在车下检查时，他不光要面对库内高温天气，还需面对列车空调外机、牵引变流器、变压器等部件散热风机排出的热流。虽然环境温度超过40摄氏度，但张华知道时间宝贵，必须珍惜每分每秒，不去想任何检查流程之外的东西。身上的工作服被汗水浸湿，不久就被热流烘干，然后接着浸湿，再烘干。一天下来，蓝色的工作服上染了一层白色的汗斑。

因为工作运动量大，他每天吃得更多。但最初的半个月里，他将近瘦了15斤。直到半个月后，身体逐渐适应了这种高强度的训练，体重才慢慢保持下来。没有经历八卦炉里七七四十九日文武火的煅烧，张华却也用超乎常人的努力练就出一副"火眼金睛"。

功夫不负有心人，经过近半年的刻苦训练，张华获得了全国铁路动车组机械师职业技能竞赛个人全能第一名，站上了行业最高领奖台。

这样的场景，总是重复在张华身上发生着。中国高铁发展得很快，彰显着中国综合国力的提升。从2007年上海首发商业运营的和谐号动车组，到2010年日系动车组高级修，再到三年后欧系动车组高级修，其电路、通信等设计理念完全不同，对动车组检修人员能力不断提出新要求。2017年，完全以中国标准定义的复兴号动车组上线了，紧接着是更先进的智能复兴号的面世。车型的不断迭代，对张华和他的同事而言，意味着过去的经验不再适用，需要再次进行积累和学习。

即便动车制造已经迎来由中国标准定义的时代，它的每一次迭代对检修调试人员而言，也不轻松。随着动车组运行年限以及数量的增加，新的问题正在不断涌现。"痛并快乐吧。学习有时候的确很烧脑，但是每当你看懂一张图纸，或者搞清楚一个控制回路，心里的成就感很难描述。尤其是当我们运用所学知识，解决了现场难题，保障万千旅客平安出行，有幸见证并参与中国高铁运维事业的发展，这种自我价值的实现是无比幸福的。"

学习，是传承的过程

中国铁路上海局是国内拥有高铁数量最多的铁路集团。铁路需要检修师，张华说得上是此中高手，练就了"耳听异声，身感振动"预判问题的绝活。

通电，车身在振动中轰鸣，像是沉睡的巨兽突然被唤醒。车厢内，仪表盘上的指示灯依次亮起，象征着不同状况的信号在屏幕上跳动。走在动车上，张华恍若化身一名经验丰富的音乐家，听着各处零部件奏响的乐音。多年的检修经验，他已经能够清楚地知道动车上每一个位置应该是什么状况，在一节 25 米左右的列车上，空压机、变流器、空调等设备都有它应该有的频率和响度。哪里的声部出现了轻微的跑调、走音，距离它出现病灶也就不远了。

"我所站的位置，这个位置的地板下方是一台牵引电机风机，你看，振动幅度明显超过了正常水平。它的轴承可能发生了偏心，产生了离心力，机器才出现这种不正常的晃动。"张华指着走过的地方，对我说道。

培养一名技能合格的维修技师，起码需要两三年。像张华这样经验丰富的检修师，更是需要长年累月的积累，他已然将检修工作内化成了一种本能。

在常人眼里，动车更多是一个钢筋铁骨的形象。在张华眼睛里，透过这些钢筋铁骨，他更多看到的是组织（部件）、血管（电路）、神经系统（信号控制）等。和家人外出旅游的时候，坐上车时，他总是无意识地念叨，"诶，这里好像声音有点大，这一台空调好像制冷效果稍微有点差，停车的时候，稍微有点不太稳，是不是某种原因？"一整套流程不自觉地就开始了，常常落得家人埋怨。

动车的检修分为两种，第一种是运用修，可以理解为常规修，负责日常的运用和维护。就像汽车保养，动车也需要维护，检修人员在车底下查看刹车的闸片磨损情况、车厢内各种设施是否良好、车顶上检测受电弓状态等。不放过每一颗螺栓、每一根铁丝，这么一整个流程下来，略为简单的一级修大约需要一个半到两个小时的时间，而更为细致的二级修则需要半天到一天左右的时间。

二级修以上，称为高级修，凡是车辆达到规定的公里数或使用年限，就必须进入高级修。所谓高级修，可以通俗地理解为车辆的大修或深度维修。就像汽车的小保养和大保养一样，我们可以将其类比为大保养。高级修通常涉及对车辆的各种零配件进行拆卸、检修、重新组装和调试的整个过程。

高级修涉及多个车间，每个车间下有多个班组，每个班组分别负责检修单一的零部件。比如班组一负责检修牵引电机，班组二负责检修空调，班组三负责检修变压器等。张华和他的团队是负责整体调试的工班，其他班组只需要掌握自身检修的部件原理就行，比如检修空调的班组只需要掌握空调的原理结构和常见问题以及解决方法。张华和他的团队不同，他们负责对动车组进行全方位的功能验证，意味着他们需要掌握动车组整体的电路逻辑、通信控制原理，在调试过程中诊断、排查问题，再妥善处理。经过调试后，他们把动车组所有的性能指标调到最优，让动车再次以最健康的状态去运输旅客。而不同的车型，不同的修程，需要检修的范围不同，调试项目有近百项，涉及上千组数据。

正因为调试工作对技能的要求高，所以张华的团队培养新人更难，新鲜血液也更加稀缺。在今天，优秀的动车调试人员依然是紧缺技能人才，张华的班组有六十多人，其中部分是他带的徒弟。新鲜血液主要来自每年的社招，目前大部分还是以专科生为主，另外大约有三分之一是本科生和研究生。

"一花独放不是春，百花齐放春满园。我知道技能传承的重要性，十多年前我取得了全国铁路动车组机械师职业技能竞赛的第一名，后来，我的徒弟也拿到了这个比赛的第一，师徒二人都获得竞赛第一，技能的传承成为行业佳话。除了需要技能的传承，我们动车检修人身上必须要有工匠精神。我们的车，最快速度能达到每小时350公里，换算一下，每秒钟将近96.7米。哪怕是一颗很小很小的螺栓没有拧紧，它飞出来都会像一颗子弹，就可能会造成严重的后果。所以我们需要严谨、细致、精益求精的工匠精神，我们每一次作业必须符合标准，这是我们作业的底线。"

运用修也好，高级修也罢，张华始终和他的徒弟、班组还有行业内的同事们强调一个理念,"我们修车人一定要想着坐车人"。检修人员每一次的检修,都是在为乘客负责。"也许我们没有坐上这趟高铁,但我们的家人、朋友都有可能坐上我们检修过的车。"

责任心,就在这样的身体力行中流传下去。

如果说,我们将十年视为一个代际,作为第一代动车检修人员,张华和他的同事们已经将行业的人才培养到了2.5代。

"我们很幸运,赶上了好时代,特别是高铁发展的契机"他指着面前认真调试动车的年轻班组成员,对我说道。

学习,不是重复,是更精进

"这种情况,需要把整个零部件全部换掉。"国外的专家如此回复,张华看着部件内部只是一个元器件的损坏,内心觉得很憋屈。

最初动车组大多是引进的,部分动车组上的部件修造被国外一些生产厂商所垄断,所以当出了问题,需要咨询国外专家的意见。但这么些年来都是这样,每当发现一个部件功能异常的时候,不论问题大小,国外专家往往都让他们换整个部件。

这样一来,国内的检修成本总是居高不下,却没有丝毫办法。

什么是技术卡脖子?这就是!

早期通过引进,车有了,但怎么用好车,修好车,是我们面临的挑战,全球范围内也没有特别合适的运维技术可以借鉴。比如,德国、日本这些当年高铁技术相对发达的国家,他们的运维技术用在我们国家很可能水土不服,因为我国地缘辽阔,高铁运行会遇到西部的沙尘、北方的高寒、南方的潮湿炎热等多种应用场景。而德国、日本可能一段铁路从南到北、从东到西就数百公里。这些国家没有这么复杂的运行环境,我们无从获得前人经验,就像是凭空描摹一幅画作,起笔都是困难所在。

2015年初，上海动车段以张华名字命名组建了动车技术创新工作室。检修一线有什么难题，他们就自主攻克、解决现场问题，然后在安全、质量、效率方面助力动车组检修。

动车三级修有原先有两种检修模式。第一种是整列车检修，列车多为8节车和16节车，还有少量的17节车。每节车厢的长度都在25米左右，这意味着，一列8节车的列车，整列车的检修模式，就需要至少二百米的场地腾出来，这种检修模式对现场场地的工况要求高。另外一种检修模式，是单节车检修，需要将整列车拆成一节一节来进行检修。它对场地要求不高，只需要25米左右长度的场地即可对一节车厢进行检修。但是这种模式的问题也很明显，每进行一节车厢的检修工作，就需要将上一节车厢的所有工序重复一遍，而有些工序，原本可以八节车一并进行。在这种检修模式下，拆了装，装了拆，需要不断做一些重复性工作。可以说，两种模式各有优点，但缺点也很明显。

随着中国高铁的快速发展，动车组检修产能矛盾开始显现，尤其长三角是高铁网最密集的地方，原先的两种检修模式在检修产能的提升上存在瓶颈。如何利用现有场地又好又快地检修动车组呢？

一天中午，张华在商场里看到有小朋友随意地将许多节火车玩具拼接起来玩，想怎么拼就怎么拼。福至心灵般，他开始思考，"动车组三级修是不是也能够灵活开展？"于是，通过技术创新，他们一方面按照动力单元打通了动车组的通信和网络，同时开发了智能设备，可以接管列车的大脑（中央控制单元）。同时制定了相应的工艺和流程，在国内首创以动力单元为对象的检修新技术，也打破了国内原先动车组三级修只能整列车或者单节车检修的固有模式，有效提高了检修效率，缓解了动车检修的产能矛盾，为动车组的三级修带来更加灵活高效的检修技术和方案。这项技术也获得了全国职工优秀技术创新成果和上海市优秀发明选拔赛金奖。

  同时,张华工作室团队在缺少技术资料的情况下,坚持自主攻关。一方面,在这么多年一步一个脚印的攻关之下,已经攻克掌握了包括人机交互系统在内的 40 余种高技术含量动车组电力电子部件的检测维修技术。另一方面,团队研制了 10 余套动车组检测维修平台,相关技术申请并获得了一批国家专利,团队努力构建起一套具备自主知识产权的动车组电力电子部件的检测维修体系。

  目前,张华工作室团队面向长三角开展技术服务,助力轨道上的长三角一体化,按国家铁路集团的部署,将在 2025 年底开始面向全国铁路开展技术服务,进一步为交通强国贡献铁路力量。这不仅是一次业务范围的拓展,更是一次对学习内涵的深度挖掘和升华。

马兵:2000 年生,上海大学文学院中国创意写作研究院 2023 级博士研究生。

一个玩具厂厂长的学习人生
——企业家张友明的故事

汪 婕

在20世纪末，徐泾的大部分地区还属于农村。一些农民靠着勤奋的劳作，存了一些家底后，就盖起自己的小楼，慢慢形成一片居民区。其中，有一栋灰色小楼，与周围的楼差不多高，有着差不多的质朴风格，唯一不同的是，外墙上贴着"益友斋"三个红色大字。这里是张友明的工作室。

这座小楼的名字，是国画家乐震文教授起的，匾额则由上海博物馆前馆长陈燮君书丹。徐悲鸿大弟子、中央美术学院教授冯法祀以93岁高龄来到这里，留下了"集友雅舍"四字。然而，这里的主人的真正身份却是一家玩具厂的厂长。

学知识，带来事业的逆袭

1988年，34岁的张友明垂头丧气地坐在展位前，拿起一个模仿清朝人模样的布娃娃，摸摸它的帽子，梳梳它的长辫子，然后摇头放下。

本篇主人公张友明，1954年生，1985年任上海玩具进出口公司徐泾联营厂厂长，1997年创办上海友明玩具有限公司。退休后学习油画、摄影，先后在上海市刘海粟美术馆、青浦区博物馆、徐泾镇文化活动中心、徐泾益友斋美术馆举办个人摄影作品展。现为青浦区摄影家协会、上海市摄影家协会、中国摄影家协会会员。2023年获上海市"百姓学习之星"荣誉称号。

在广交会（中国进出口商品交易会）这繁华的会场中，四处可见穿着各式各样异国服饰、操着五花八门语言的人们，他们流连于各个展位之间，细细观赏、询问详情，然而，对于张友明所展示的玩具，却吝啬得连一个目光的停留都不愿给予。

对于张友明而言，广交会不仅是一个追逐商机的竞技场，更是他寄予厚望、用以证明自我价值的舞台。为此，他已经默默无闻地倾注了近十年的心血与努力。

1954年，张友明出生于徐泾的一户农家，家中兄弟姐妹五人，全凭父母微薄的收入，生活颇为拮据。身为家中长子，张友明不得不在小学未竟之时便中断学业。年仅15岁的他，出外拜师学裁缝。

裁缝是一门古老而精细的手艺，它要求从业者具备精准的测量能力、对布料特性的深刻理解以及熟练的缝纫与裁剪技巧。裁缝的工作不仅仅是将布料缝合成衣物，更在于根据顾客的身形特点和审美需求，创造出既合身又美观的服装。在这个过程中，裁缝需要对色彩、款式有着敏锐的洞察力，往往还需具备一定的设计能力，以满足不同顾客对服装的个性化追求。

张友明勤奋好学，不久便掌握了各种针法和裁剪技巧。同时，在日复一日与布料、针线的亲密接触中，他逐渐发现了裁缝工作与艺术之间的微妙联系，那些流畅的线条、和谐的色彩搭配激发了他对绘画的热情。于是，为客人走街串巷制衣之余，他拿起画笔，自己琢磨画画的技巧，试图将裁缝工作中的美学感悟融入画作之中，江南的青山绿水、勤劳朴素的乡民都成了他脑海中的构图、画笔下的形象。"天生我材必有用"，他虽不知将来会与玩具设计结下缘分，却相信可以凭借才能找到属于自己的一片天地。

机会终于来了。1979年，上海轻工业进出口公司到徐泾选址建厂，要求试制一批布绒玩具，若合格，便在这里开一家布绒玩具厂。但此时的徐泾并没有玩具制造的专业人才，乡领导想到了张友明，他在乡里已小有名气，大家都知道他既有一手精湛的裁缝本领，又懂得画画与配色。能把衣服缝好，还愁缝不好玩具吗？擅长绘画，那不就是设计的好苗子吗？于是，乐观的气氛下，艰巨的任务交给了张友明。

可实际做起来远非想象中那般简单轻松。与脑海里勾勒的画面大相径庭，布绒玩具的制作并非仅仅是一个将彩色布料裁剪成大口袋形状，随后肆意地填充棉花，再草率地把边缘缝上的过程。一开始，张友明尝试按照这种朴素的设想动手，却很快发现，要么是缝线处歪歪扭扭，针脚粗大，显得格外碍眼，破坏了玩具整体的美观；要么是填充的棉花分布极不均匀，有的地方鼓胀如球，有的地方则瘪塌无形，使得玩具整体显得怪异而变形，完全失去了应有的可爱与灵动。

面对层出不穷的问题，张友明没有气馁，而是选择迎难而上。他开始深入研究布绒玩具的制作工艺，从选材到裁剪，从缝合到填充，每一步都力求精益求精。为了解决缝线露头的问题，他特意学习了隐蔽缝制技巧，使得玩具的接缝处几乎看不到线迹，摸起来也更加平滑舒适。至于填充棉的分布不均，他则采用了分层填充法，每填充一层就仔细调整棉花的分布，确保玩具各个部位都能保持均匀饱满，形态自然。

经过无数次的反复试制与调整，张友明终于逐一攻克了这些技术难题。他的布绒玩具不仅外观精致，手感柔软，而且每一个细节都透露出匠人的用心与热爱。最终，当这些凝聚了他无数心血的布绒玩具顺利通过质检，摆放在展示架上时，张友明的心中充满了难以言喻的成就感和喜悦。终于，上海轻工业进出口公司如约在徐泾建立了徐泾玩具厂，而张友明作为完成任务的大功臣，被任命为技术科兼设计科主任。

这次临危受命的经历让张友明感受到学习知识的重要性。那是改革开放初期，物资仍然匮乏，若是想要学习前沿的理论知识，只有到大专院校报班一条路可走。张友明看中了上海轻工业专科学校美术系的设计班,这个班不看学历文凭,可以通过自费插班,同时能提供张友明急需的设计知识,从各方面来说都十分合适——除了学费。设计班一年的学费是900元,两年才能毕业,而当时张友明一年的工资只有480元,且上学需要脱产,挣不到钱,反而要倒贴,实在是一笔巨大的投资。他决定破釜沉舟。

刚进入学校,张友明一边为学识上的大开眼界而兴奋,一边又觉得自己简直像个木头人,坐在教室里,却听不懂老师在讲什么。他只好加倍努力学习,课上把老师讲过的话一字一句记下,再结合教材反复研究。一年后,总算摸清了门路,掌握了平面构成、立体构成、色彩构成等设计专业知识。

1985年,张友明学成归来,正值上海轻工业二轻局筹建上海玩具进出口公司徐泾联营厂,进修的履历马上派上了用场,他被任命为厂长。不过,张友明更想在专业技术上更进一层,上任后便常常和妻子一起加班加点设计新玩具。1988年,从未出过远门的张友明携带自己设计的和以往加工的一百多种样品,经过一天一夜长途列车的颠簸,来到广州参加广交会。

踌躇满志地参会,却被现实浇了一盆冷水,张友明不禁怀疑起自己的决定:难道两年的进修、三千多个钻研玩具生产的日日夜夜,都只是白忙活一场吗?

机会总是留给有准备的人的。参展的倒数第二天,一位走累的德国客户来到张友明的展位上休息。看到客户着急的样子,张友明询问翻译:"他遇到什么问题了?"翻译回答:"他找不到想要的玩具样品。"

玩具样品?张友明的心脏立刻狂跳起来,他强装镇定,问翻译:"客户想要什么样的产品?我……我可以试着画个草图!"

客户同意,并提出要求。张友明立刻提笔,他感到每个脑细胞都在沸腾,在设计班学习的知识如海浪一般翻涌起来,从他的脑海流淌到笔端，化为构思精巧的草图。

客户将信将疑地指着其中一张："就这样的，你能够做出样品吗？"

"能，能，明早交样品！"张友明立即回到简陋的旅店中，搬出从工厂带来的缝纫机，缝了又拆，拆了又改，直到天亮，大功告成。

张友明捧着样品赶到展位，客户反反复复地检查后兴奋地大喊："OK！就是这个！就是这个！"当即签下80万美元的订单。

回到上海后，张友明更加重视知识与技术的学习。广交会上的挫败让他发现，自己虽然已掌握了设计知识，却对国际市场的偏好无甚了解，于是他当机立断，到中央工艺美院聘请资深教授担任工厂的技术顾问，渐渐摸清了不同国家的玩具偏好：法国的风格淡雅，美国的风格奔放，巴西忌讳黄色……在知识的加持下，联营厂的产值年年翻倍，从几十万元做到几百万元，再从几百万元做到几千万元，每天一个接一个地把集装箱送出去，工厂步入蒸蒸日上的发展期。

学管理，不能忘记人情冷暖

好景不长，一场突如其来的大火把所有展示样品烧得一干二净。

张友明立刻组织员工重新制作样品，众人加班加点，凭借记忆把小兔子、小企鹅、泰迪熊等样品一一复原。可就在修复工作进行到一半时，张友明接到通知，运往国外的产品抽检不合格，十几个集装箱被退回。他赶到港口，这个原本带给他莫大自豪的地方，如今成了他的心痛之地。一辆辆开走的卡车，不仅意味着成千上万需要返工的产品，更是意味着80万美元的巨额损失。焦黑的样品展示间、原材料工厂的催款函件、消防不力的罚单，以及等待发放工资的职工，哪一个不要用钱呢？可这批货的货款一扣，工厂账户上只剩下300元了！张友明几乎想要放弃，但员工们信任厂长的每个决定，他不能让这些一直支持着自己的人失望。

张友明决定先保住士气。他懂得，员工们每天早早地来到工厂，卖力工作到晚上才离开，就是为了能够多做一些玩具，多赚一些钱来养家糊口。他懂得，员工是工厂的灵魂，没有他们兢兢业业地制作出那些玩具，工厂就无法赢得市场份额。如果在这个时候削减员工的福利和工资，员工们肯定会对未来失去希望，人心散了，工厂就真的倒了。

他仔细地计算开支和重新争取订单的可能性，最终决定，尽管已背负欠款，也要再到银行贷款10万元，一部分用于再生产，一部分用于安排员工分批去苏州旅游。员工们不知道厂里的财务危机，纷纷为这在其他工厂从未有过的福利待遇而欢欣雀跃，到张友明联系的苏州宾馆里度假去了。

员工休养期间，张友明独自跑外贸公司求订单。他受到了不少质疑："你们最近经历了一场大火，能及时交货吗？""听说贵工厂的产品被退货，质量有保证吗？"

面对质疑，张友明惴惴不安，但他知道这是必须跨过的坎。他拿出早已准备好的新样品与修订后的工厂管理规定，一次又一次地向外贸公司代表解释："确实，我们的工厂最近经历了一些波折，但我已经采取了积极的措施来应对。大火后我们加强了消防安全管理，肯定不会再发生这种事，影响生产进度。至于产品，我增加了质量检测的次数，亲自监督。这是我们的新产品，用了高档面料，设计和手感都是顶好的，您看看。"

尽管张友明表现出了十足的诚意，大多数公司外销员还是拒绝了。不过，有几位表示愿意给他机会，先签小笔订单，如果产品质量和交货期能满足要求，就长期合作。十天后，银行贷款到位了，洽谈的业务下单了，遭到退还的货物也得到了对方的原因答复。休养好的工人一个个生龙活虎，都说厂长待他们好，他们就要加倍努力工作回报厂长，于是，经过上下一致的努力，客户接受了改进的退货，新订单也正常发出，甚至把曾经的展示样品全都做了出来。玩具联营厂恢复了往日的繁荣，订单络绎不绝，车间热火朝天，样品井然有序，而员工们也因为困境的洗礼变得更团结。

危机过后，张友明思考原因，发现是管理上出了问题：因为缺乏合理的巡视机制，所以起火后没人发现；因为没有建立起严格的产品质检机制，所以货物的质量良莠不齐。知道根本原因出在哪里后，张友明想起曾经在党校时教管理课的老师——企业管理学院毕业的陈进发，便上门拜访，聘请他为管理顾问。这样一来，工厂的管理制度得到进一步完善，更能发挥技术优势。

不过，对于张友明来说，如何安排员工的班次、如何细化流水线的分工等管理措施都是"术"，而"术"背后的"道"则是对员工将心比心的关怀。

20世纪80年代，手工制造业的工厂以女工为主，且其中有许多是刚成年就背井离乡，到城里打工。张友明的玩具联营厂也不例外。一次，工厂里一下子来了五十几位安徽年轻女工，初到上海的她们虽然没有明说，但也充满了不安。看着一张张稚嫩的脸庞，张友明心想：这些孩子该有多想父母啊！她们的父母，也肯定担心孩子在外面过得好不好，有没有吃饱，有没有穿暖，是不是安全。

张友明素来就有拍照留影的习惯，便想到，可以把女工和家人的生活分别拍成影片，以慰藉他们的相思之情。他马上着手拍摄员工宿舍、食堂与女工们要对家人说的话，然后带上毛巾、牙刷等日用品，扛着摄像机，乘上了去安徽的火车。一到当地，女工们的十里八乡都来了，围着张友明看影片。当看到整洁的宿舍时，家人们明显松了一口气，等到女工寄语的环节，屏幕上的人泪眼盈盈，屏幕外的父母抱头痛哭，有人当场就对着影片喊了起来："家里很好，你不用担心，你在上海要好好的，好好的……"

影片放映完毕，村支书代表村民们对张友明说："厂长书记，您来一趟真是太好了，看到这住的地方，就知道孩子们在您那里工作是不可能学坏的，大家伙都放心了。这几个孩子都是好孩子，踏实肯干，一定努力工作。她们就托付给您了！"

目睹一切的张友明早已动容，连连表示一定照顾好女工们，他又为家人们拍了影片。回到上海，女工们看到家人的影像，又是一场抱头痛哭——跨时空的"视频通话"给了她们安慰，也稳固了工厂的人心。

除了对工人的关怀，张友明还想为研发者出一份力。1992年6月，张友明创办了徐泾玩具研究所，这也是上海第一家民办科研机构，同时他又为科研人员申请土地20亩，自建住房，人称"画家村"。1994年3月，徐泾玩具研究所与上海大学美术学院合作成立了艺术研究中心，计划开发新产品，开拓新市场。

管理是一把双刃剑，既能高效组织生产，也能让管理者意识到自己大权在握，容易飘飘然地犯下错误。能否克己奉公，把权力用在帮助他人、促进行业与社会发展上，是对管理者的关键考验。张友明守住了本心，"穷则独善其身，达则兼济天下"。

中年受挫，浴火重生

1997年，对于张友明来说，这一年着实像戏剧一样跌宕起伏。

一年前，区检察院派人到访联营厂，称张友明被举报有经济问题，要立案调查并查账。镇领导安慰张友明：不要着急，你生活朴素，勤俭持厂的举措有目共睹，或许是有什么地方弄错了。张友明自信身正不怕影子斜，但反复的询问、盘查让他身心俱疲。

调查与查账持续了 14 个月。在调查快出结果前的一天，张友明送法国客户去机场，回家路上看到两个不省人事的老乡，一个栽在隔离带上，另一个倒在马路中央。当时已是晚上十一点，张友明觉得不能放着他们不管，便费力地把他们搬到自己的车上，送至附近的青浦人民医院。没想到，其中一名伤者在张友明搬动他之前就已经去世了，张友明被当作凶手扣留在医院。直到凌晨两点，交警带着自首的肇事者去医院，医院才把张友明放走。临走时，张友明还为另一位抢救中的重伤者垫付了医药费。

没有想到还有新的波折在等着张友明——

几天后，张友明接到通知，前往检察院领取调查结果。行至半路，小面包车突然熄火。张友明把车靠边停下，正要查看发生了什么故障，一辆五吨重的卡车突然撞向面包车。车子扁了，张友明被卡在驾驶室，当场昏迷了过去。

或许是好人有好报，之前救人的张友明也被好心的路人送到医院抢救，整整三天没有醒来。朋友为他请来医术高明的医生诊治，所幸他大难不死。一个多月后，张友明回家休养，探望的镇领导对他说："老张同志啊，调查结束了，你没有什么问题。这些年，你的成绩镇里领导是肯定的，现在请你安心养身体，厂长不要做了，待遇照旧。"

就这样，1997 年 6 月 30 日，张友明辞职离开了为之奋斗十几年的工厂。

赋闲在家，张友明精神萎靡，茫然无措。妻子担心他精神出问题，拉着他到松江散心。在泗泾古镇参观时，张友明路过大隐隐于市的严家庵（现福田净寺），被其中的梵呗声吸引，不由得步入其中。庵内环境清幽，有一位眉目慈悲的师太，法号慧清，询问张友明为何满面愁容。得知张友明的境遇后，她开导道："月有阴晴圆缺，人有旦夕祸福。人的一生祸福难料，关键要积极面对，只有振作精神，才能走出阴影，一味消沉，于事无补。"

心灰意冷之时，有一位德高望重的长者，将哲理用安宁祥和的语调娓娓道来，使张友明顿悟，成败难测，悲喜由己。他回头看着一直默默陪在身边的妻子，重新燃起斗志：看似山穷水尽的困境中，说不定会有柳暗花明的一刻！

张友明分析玩具产业发展的趋势，认为工厂想要取得突破，唯有靠高精尖、规范化的流水线。上哪去学这方面的知识呢？听说江苏有一家韩国企业在招工后，他打算放下身段，忘记自己曾是一位厂长，从一线工人重新干起，虚心学习先进技术与管理方法。

张友明加入应聘的队伍，向管理人员毛遂自荐："我剪裁、缝纫、设计，样样行！"对方将信将疑地一试，张友明的操作果然娴熟，甚至比机器的速度还要快，便把他安排到剪裁的岗位上。一段时间后，张友明在工作时发现了该企业在制作过程中的一个小错误，向厂长指出，厂长觉得他"有点水平"，将他提拔为工厂总管助理。那天，躺在中层干部的双人宿舍中的张友明窃喜，"我做了十几年了，肯定是有点水平的，不然也不敢到你这里"。

之后的几个月，张友明白天观察工厂的运行，晚上与室友交流管理心得，总结出要给工人配鞋柜，上流水线前要先换鞋等管理方法。等到把想学的东西都学到后，张友明提出离职，一分工资也没要，便回去筹建自己的玩具厂。

起步的条件十分简陋。张友明在徐泾借了一间民房，仅有十多台缝纫机，原材料只能在外面的场地上露天堆放，一旦下雨还要用布遮盖，十分不便。但好在联营厂的一些老员工听说张友明要开公司，纷纷前来报名，解决了用工的问题。1997年12月，上海友明玩具有限公司正式诞生。

在张友明的带领下，公司越办越好，购买了土地，修建了新式厂房，员工达到 300 人。他动用之前所学，精心设计了流水线，工序间的间隔、桌椅的高度、空调安装的位置都经过精密计算，尽量让工人在工作时能够感到最大程度的舒适，同时提高产能。外贸公司来参观时，无不为一尘不染的地面、先进的玩具美容机而啧啧称奇，纷纷与公司签订合作协议。最辉煌时，连东京的新宿、池袋、涉谷等繁华地段，都随处可见印有"上海友明玩具有限公司"字样的玩具产品。

经过浴火重生后，张友明学会了更平淡地看待得失，明白了真正的成功不在于外界的评判，而在于内心对自己的能力与良心的确认。十年后，因为经济形势的变化，上海友明玩具公司的利润越来越少，此时的张友明唯一在乎的是老员工的去向。为了使员工不为大龄再就业而烦恼，他一直坚持到 2014 年。

完成了最后一笔订单，拍了最后一张集体照，吃了最后一顿饭，发了最后一个红包，公司正式关闭。利益已无关紧要，能够对员工有个交代，就是好结局。

年近古稀，返璞归真

退休之前，张友明的生活一直被繁忙的工作所占据，工厂管理、商务洽谈占据了大部分时间，留给个人兴趣的空间少之又少。尽管对油画艺术怀有浓厚的兴趣，他也只能偶尔在闲暇之余，通过翻阅画册和书籍来满足自己对艺术的渴望。他意识到，内心深处始终有个声音在回响，渴望着某日能完全沉浸于艺术创作，无须顾虑盈利与否及市场的接纳程度，仅仅以画笔为媒介，纯粹地抒发自己的情感与思索。

终于，退休的时刻来临了。张友明仿佛获得了新生，决定不再让梦想只是梦想。经过一番打听和准备，他鼓起勇气，正式拜上海大学美术学院原院长张自申为师，之后又报名参加了上海师范大学美术学院油画研究生班。回到校园,张友明有些不适应,他年龄大了,学习的速度没有年轻时那样快了,擅长的玩具设计虽然给他带来了丰富的配色经验,但毕竟手上的操作技术不一样了。不过,张友明不害怕这种感觉,反而有些欣喜,他仿佛回到了在上海轻工业专科学校美术系进修的日子,从最基础的色彩理论到复杂的构图技巧,从伟人辈出的历史到亲自动手的实操,他都像年轻时那样,在本子上逐句记下老师的教导,回去后反复琢磨,只是这一次,抛开功利目的的紧迫感后,张友明真正在学习时感受到了自由的快乐。知识没听懂,那就再看看笔记,或是向老师请教,只要自己感兴趣、想知道,那总有能理解的一天;技法没掌握,那就再练练,画歪了或是颜色上错了都没有关系,因为每一次尝试都是向熟练迈进的一步——"做不到"已不是需要克服的困境了,而是艺术的未知领域对他的召唤,成果则会在投入后自然而然地产生。他生命中仿佛又摊开了一张新的画布,随着练习的一笔一画,画布上渐渐显现出色彩斑斓的世界,那是他心中长久以来向往的天地。

最让他倾注心血的一幅画,是为曾经给予他莫大帮助的慧清师太创作的肖像画《悟》。他前前后后花了一年多的时间作画,每一根线条、每一个色块都蕴含着他对师太深深的感激之情,以及对生命意义的深刻思考。在创作的过程中,张友明无数次回忆起与师太相处的点点滴滴,那些关于人生的对话,让他在画布上寻找到了超越形式的精神表达。随着时间的流逝,画中的慧清师太仿佛被赋予了生命,她的眼神中透露出一种超脱世俗的宁静与智慧,与张友明内心的平和相得益彰,共同诠释着人生趋近圆融境界时的沉静与祥和。

张友明没有止步于油画。近年来的社会发展速度越来越快,他感慨于画笔跟不上变迁的速度,便向摄影家杨克林请教。杨克林曾出版《抗日战争图志》,他对张友明说:"你就立足家乡。近处的东西一去不复返,只有你能拍到,过几年就没有了。"

于是，张友明拿起了相机，从徐泾的动迁，拍到国家会展中心的建设，再到蟠龙镇的改造，出版了《徐泾人文纪实》《徐泾大动迁》《崛起·国家会展中心》《消失的村庄》《蟠龙遗韵》《蟠龙腾飞》等摄影记事本。他在徐泾成校摄影创作班学习了摄影技术，但更重要的是，他在拍摄过程中学会了与这片土地及土地上的人同频共振。

一开始，张友明不知道该如何拍摄陌生人。国家会展中心开始建造时，张友明取得了官方的拍摄许可，但工地上的农民工始终对他抱有一丝本能的隔阂，因此一开始拍摄的照片都围绕建设工地的全景展开，其中不乏气势磅礴的佳作，如起吊时高耸的吊车与庞大的建筑材料，但在张友明看来，浩大的工程是由微小的人建成的，他还是想为具体的人留下影像的印记。张友明开始琢磨如何靠近那些陌生人。回想自己做厂长的经历，他觉得，如果要让拍摄对象对自己敞开心扉，那就应该花时间与他们共同活动，将心比心，只要他们理解自己的用意，一定会同意拍摄生活化的细节。为此，他早出晚归，工人们上工了，他就在一旁看着，中午和他们一起吃盒饭，唠上两句家常，听他们诉说家乡的风土人情与各自的人生经历。从工人们身上，张友明看到了人生百态，看到了发展对远方的渺小个体的影响，而工人们也渐渐习惯了张友明的存在，允许他更贴近地观察他们的日常，于是掺杂忧虑与向往的凝望、留在工地上的暖水瓶，都被张友明一一捕捉到，定格在他的摄影记事本里。

不过，张友明的作品还是以家乡的人与风景居多。他花了七年时间，拍摄了《蟠龙遗韵》与《蟠龙腾飞》两部作品，记录了蟠龙古镇改造前后翻天覆地的变化。

《蟠龙遗韵》记录了古镇改造前的珍贵历史记忆。从雕梁画栋的庙宇，到青砖黑瓦的民居，再到市井小巷中的烟火人情，都是他的拍摄对象。他走街串巷，一如15岁做裁缝时那样。认识的人里，有人搬迁了，有人去世了，但总还有些老朋友，看到他就亲切地招呼"大哥啊，进来坐坐""小弟啊,饭吃了伐",他就向他们说明自己在做的事,为他们拍照、访谈、记录,听他们讲小镇的故事。这次,与家乡的相遇熟悉又陌生,既是对地方记忆的追溯与总结,也是他对自己的来处与归处的追认。

而到了拍摄《蟠龙腾飞》时,张友明的乡愁转化为对故乡发展的无限期待。改造后的古镇以"蟠龙天地"的面貌重新呈现在人们面前,引进了精致的咖啡店、甜品店、黑珍珠餐厅的同时,保留了蟠龙庵、香花桥、程家祠堂等老建筑,以及"以水为脉、街桥相连、十字交叉"的老街格局,并用现代设计手法将《蟠龙县志》中记载的"蟠龙十景"复现为"蟠龙新十景"。与一开始担心的不同,小镇没有把过去弃之如敝屣,而是在历史沉淀的基础上重新出发。张友明的镜头忠实地记录了变化的始末,上海师范大学的林路教授将其类比于美国摄影家阿博特的《变化中的纽约》。他评论道:"'蟠龙腾飞'如果没有当年张友明镜头中的'蟠龙遗韵',历史的缺憾可想而知。而'蟠龙遗韵'有了'蟠龙腾飞'的当下映照,越发显示出时代的沧海桑田。"

古镇有兴衰,人亦如此。张友明的一生,辉煌有之,沧桑有之,历尽千帆后,返璞归真。

年逾古稀,张友明暂时停止了摄影,他打算去祖国各地看看。工作室中挂着的中国地图上贴满了花花绿绿的小旗子,代表他想去的地方。不过那都是计划中的事,属于未来。

当下的张友明合上相册,走到小楼里的厨房,煮上自家种的玉米。饭桌上已摆好了一荤一素一豆制品,等着家人一起来吃晚饭。

汪婕:1998年生,上海大学文学院中国创意写作研究院2023级硕士研究生。

于静默处生发斑斓
——96岁老人蒋振国的故事

陈 捷

拿着上海地图横一折、纵一折，看到的地图中心，便是芷江西。

夏至日微雨打叶的芷江西，街道人声、车声寥寥，可两旁斑斓的水彩画却仿佛在向人们展示芷江西岁月相攒的烟火生气。沿墙行至斑斓的尽头，就能看到蒋振国生活了七十多年的社区。

1946年，蒋振国和哥哥自老家盐城出发，来到上海找工作。从那时起，缘丝就将蒋振国与上海、与芷江西紧紧嵌连。芷江西，不仅仅是作为一个来沪闯荡者的家的载体，更是他作为画家所倚赖的学习与灵感的泉眼。从芷江西出发，蒋振国以其充满烟火与人情的画卷，细笔篆下他在上海数十年的光阴记忆。

少小与画遥相顾

年幼时，蒋振国便对画画有着强烈的热情。没有用处的废纸材，脚

本篇主人公蒋振国，曾用名蒋克宇，1929年生，江苏建湖人，曾任上海铁路局科委美术员。自20世纪50年代始，陆续在《新民晚报》《扬子晚报》《申江服务导报》《劳动报》等多家报刊发表作品。离休以来，在《芷江西社区晨报》"芷江西前世今生"专栏上绘制了一百多期连环画，创作多幅十米长卷，其中闸北区版十米长卷已被区文化馆收藏。荣获2016年度"上海十大社区人物"、2023年上海市"百姓学习之星"称号。

边平整的沙地，沾点水或是用点墨，哪里都可以是自己的画板。路边的宣传画，看到的一景一物，身边发生的一切，什么都可以成为画画的对象。蒋振国可以自己一个人安安静静埋在画里画上好一晌，也可以就地取材描摹上那么一两笔当乐子。草木也好，花鸟也罢，蒋振国更喜欢画人、画世界。喜欢画出富有生命力的画，这一点一直到几十年后的如今，也不曾改变。

可是家里人却极力反对蒋振国学画画。想想自古以来的画家，想想唐伯虎那批人，人家常说"穷画家、穷画家"，倒也不是一点道理都没有。因此，蒋振国的家人抱着"学画画的人是没有出息的"想法，加之家中的经济情况并不太乐观，便没有让蒋振国学画画。

家里人拦着不让蒋振国画画，完全是"治标不治本"。已经将画画的种子深扎在心里的蒋振国想，既然家里不让学，那就只能躲起来不让家人看见。没有老师，万物就都成了老师。蒋振国一边收集着身边出现过的纸材，一边自己照着心里设想的样子尽力去临摹。一开始画出的画肯定是谈不上一点章法的，但是手头越动越有了经验，物体的大小到明暗，该怎么画才最合适、看着最舒服，往往琢磨着也就有了感觉。也许年幼的蒋振国从来没听过"透视"两个字，但是关于它的规律却渐渐实实在在地入了他的画中。

而他也一定没想到，幼时躲在被窝里、藏在乡野间背着家人所积攒的画画经验，为他后来能够继续绘画奠定了重要的基础。童年对绘画深切热爱却无法实践的遗憾，让蒋振国在后来的子女教育上更加注意。从爱人、子女，到下一代的孙辈们，让蒋振国自豪的是，从儿女到孙辈，家里这么多人没有一个不会画画的；除了家人，蒋振国在离休之后还在芷江西社区的活动室里开办了美术班，为社区内喜欢画画的人提供学习的平台。美术班学生分布的年龄段很广，在活动室小小的一间房里，摆放着一张巨大的长桌，热闹地围着不少喜欢画画的大人、小孩。在蒋振国的卧室墙上，至今还挂着当时美术班上课时的黑白照片。

虽然童年时没能系统学习绘画的确颇有遗憾，但蒋振国对此也有积极的看法，"学绘画的人往往只精一样，但我却什么都会一些"。绘画类型涉猎之广：油画、国画、水彩、水粉、漫画等，蒋振国什么都画。究其原因，兴趣使然。兴趣与热爱，浑然成为他最好的老师。

经年别画再重逢

1946年来沪闯荡的蒋振国，仅仅只有小学文凭，他以铁路工人的身份，在铁路局默默地担任一颗不起眼的螺丝钉。工作之余，回到芷江西小家的蒋振国也会画上那么几笔解解馋，有时给爱人画画像，有时记下一天里的有趣景象，把心情注入画里，只当闲暇时的爱好看。

1949年新中国成立后，党重视宣传工作，从板报到传单，需要大量掌握绘画技能的人才。在这个令蒋振国心动的机会面前，一向内向的他终于忍不住大胆地举起手来。在工友们看来，蒋振国平日里安静本分，这次的主动着实令人意外；可对蒋振国来说，这是一直深埋在心中的种子突然获得灌溉萌芽的最佳机会。

这一次，蒋振国才算真正在众人面前握紧了他的画笔。"当时没有几个人会，我就去画了，一周要出一次黑板报，一来一去就少不了我画画了。"平日里就喜欢画画的"螺丝钉"找到了为他量身定制的位置，蒋振国自告奋勇地为铁路局画起了板报。让他更想不到的是，这些板报获得了大家的一致好评，路过的人总要把眼睛多放在板报上几秒。

铁路局工会了解到蒋振国的绘画才能之后，想要重用他，将他推荐到区总工会的宣传部。可是蒋振国拒绝了。

在学习之风盛行的当时，几乎人人钢笔小本不离手，到哪儿都要记个笔记。如果进了宣传部，免不了开会发言，这可让胆子小的蒋振国犯了怵。他不敢踏出自己已经熟悉的工作圈子,想来想去,觉得还是做工人自在,没有思想负担,不用动笔。就在蒋振国打退堂鼓的时候,工会领导找到了他,给他做思想工作,让他勇敢去尝试,更好地发挥自己的才能。

上级领导带来的连环鼓声让他摇摆不定的心重新振奋了起来。自踏上画画这条道路起,迈出舒适圈、走向更广阔的天地,是工作生活一向稳定不变、性格内敛的蒋振国要学的第一件事情。在胸前的画笔旁,他认真地又别上一支钢笔,在宣传部工作期间随时随地记录下自己未知待解的内容,为绘画贪婪地汲取更多贴合时代与需要的养分。

蒋振国多次因为兢兢业业的工作受到表扬,获得优秀工人的表彰,工作之余他还会时不时画些散画。有一次,他看到报纸上刊登了黑白画,忍不住开始关注起上面的内容来。

"我那个时候觉得报纸上的画很新奇的呀,我就想试试,我也画画看!"

在当时的蒋振国看来,不管是文章还是画,能够上报纸是一件很了不起的事情。有了第一次勇敢尝试的经历之后,蒋振国的信心也颇涨了几分。仔细琢磨着报纸上的画,端着报纸研究征稿说明,在反复确定了画稿的要求之后,蒋振国说干就干。投递完斟酌了好久的画稿以后,蒋振国告诉自己,再也不去想这件事了。画画是他喜欢做的事情,只要去画了便足矣,至于能不能发表,再也不去想了!

不过这次的勇敢尝试并不像从前一样如人意。投送的画稿如入汪洋,消失在深底,没有丝毫音讯。渐渐地,蒋振国只将投稿作为建立在兴趣上的习惯,每每见到报纸上有合心意的征稿启事,他就会投递一二。

直到某一天,保卫处突然通知:"蒋振国,有你的信!"

好久无心柳意的蒋振国在连绵未断的投稿之后,真的收来了青葱的柳枝。

带着疑问的蒋振国从保卫处拿到了这封信,惊喜地得到了自己中稿的消息。柳枝插下,柳絮纷飞。一封封稿件送出,一日日的累积,蒋振国用攒下的稿费买下了芷江西小家里第一件崭新的家具——一个大衣柜。就这样,他和爱人在这座城市里一步一步丰盈起自己的一方天地。画稿的收入在一定程度上改善了家中的经济状况,同时承载着蒋振国一直以来的热爱,更承载着年月里温暖与充实的回忆。遗憾的是,画稿因时光变迁丢失了许多,但不得不承认的是,画画在精神与物质上都给了他继续耕耘的力量。

岁久借画绘沉浮

1953年,蒋振国被安排到江西省上饶市工作,离开了生活已久的芷江西。

一次次的尝试与突破,让蒋振国对新环境、新事物已经没有了当初那般恐惧。来到江西,蒋振国依然乐观地做着本职的宣传工作。按照当时的宣传要求,蒋振国需要完成幻灯投影的任务。投影之前,他会在一块拳头大的玻片上,根据需要宣传的主题用彩笔沾水之后作画。时代的需要就是绘画的主题:"保护环境""讲卫生""文明礼貌"……设计、构思、落笔,等水彩干了之后就拿去投影,影像落在墙上成了偌大一幅生动的宣传画。

当时铁路局工作安排,很多工人都被派去江西、安徽各个地方,被派工人人数众多,重新调回上海十分艰难,离开上海可能就是一辈子的事。因为原先工作出色,加之其绘画作品常登在报纸上,在铁路局里小有名气,三年之后,蒋振国重新被调回上海文化宫。

铁路工作让蒋振国有了实现绘画梦想的机会,几个年轮转圈,绘画又重新让蒋振国回到铁路局。1955年，蒋振国正式成为铁路局科委的美术员。在江西三年的生活与学习后，重回上海、重回芷江西，蒋振国对故地有了更深切的感受，看到了更多的变化。

要如何以我手绘我见？从铁路局离休之后，蒋振国又找到了生命中的一块新画板来实践这句话——那就是社区内的黑板报。

画画对他来说，并不是一件难事，可是黑板报常出常新，在主题的选择上，如今的黑板报早已不像当年他在铁路局画的那般，怎么跟上时代的步伐、画出有当代气息的板报，是蒋振国在下笔之前需要学习的。该怎么学？从哪里学？这次画板给的挑战，不再是新事物、新环境向蒋振国靠近，而是需要发已斑白的蒋振国主动去寻找、接收了。

在社区的黑板报前踱来踱去，蒋振国耳边传来日日风雨无阻来到小区门口的送报员的吆喝。手里拿着报纸的蒋振国打开了思路，看报读新闻成为他了解时事的第一扇门。从图片看到文字，蒋振国将所有认为有价值的信息用小刀悉心裁下，收集起来做剪报手账，比较重要的信息会特别被他压在桌面的玻璃板下。天气尚好的日子，蒋振国也会放下报纸，走出房门四处溜达，那支画笔旁的钢笔，从来没有离开胸前。他端详着自己生活了数十年的芷江西，端详身边的街道与草木，记在心上，最后画在板报上。

不出意外的是，他的黑板报获得了小区里众人的称赞。板报一期接着一期，听到这位年迈画家名声的小区越来越多，附近的几个小区都开始请他去画画。"有一次举办黑板报比赛，好几个小区让我帮他们画，结果获奖结果出来，一、二、三名都是我！"他笑了起来，在夹杂上海方言的字句里，他像孩子一样透着自豪与神气。

最重要的是，板报还为蒋振国吸引来了他的"伯乐"。

当时，一名正在进行社区走访的记者经过小区时看到了蒋振国的板报，在小区内四下询问之后，得知如此精致的板报居然是年已耄耋的蒋振国所画，不禁大为震惊。记者连忙找到蒋振国，并希望在报纸上安排专栏，让蒋振国为其绘制连环画。

这些报纸按年按期，如今端端正正地被蒋振国收藏着。

"你看这张，以前衣服大的穿完了给小孩穿，现在什么都买新的。"

"过去买东西需要排队，现在到商场里买什么都方便。"

"过去交通不便，大多靠走，现在高速、地铁、公交，都很方便。"

"以前把衣服弄干，是要这样两个人一起反方向扭……"

介绍他的画，好像在介绍数十年里的芷江西，好像在介绍数十年里的他。在这些画稿里，盛着溢出纸外的生命力，更多是过去与当下鲜活的人物。在一百多期的连环画里，蒋振国用自己的画笔将几十年芷江西的变化一一描下，画纸上浸润了这块土地与他联结的情感。所有的画、所有的故事，在这个已经96岁的老人看来，全是他独特的宝藏。蒋振国的一生几乎都围绕着芷江西，他的变在芷江西里，芷江西的变在他的生命中。

鬓白将画筑学途

至2024年夏至日，蒋振国已经在《芷江西社区晨报》上连续画了一百多期、六百多张连环画了。在每一幅画下笔之前，编辑会先和蒋振国商量好本期连环画的主题，蒋振国需要先根据主题拟好一首短诗。不会写诗的他就自己翻着书查找资料，在方桌前喃喃念着诗句，琢磨着平仄。终于确定好了诗歌，蒋振国就开始动笔画画了。每周画好连环画之后，蒋振国会和编辑约好取画。有时到快交稿的关头，他自己拿着画，斟酌着，斟酌着，又觉得哪里不太好，在尚觉不妥的地方贴上美工胶，吭哧吭哧又开始伏案修改。年过九十的蒋振国甚至为了画出满意的画熬起了夜，不完工便不肯休息，把儿女们心疼得着急了，劝他年纪大了要好好休息、好好享福。对他而言,身边的人有的已离去,而自己依然有这样的幸运能够继续做着喜欢的事情,难得且珍贵。一百多期的连环画有充盈着温度的续集,"要继续画"是一位鲐背画者珍视的机会,更是心中的呐喊。

画桌前的窗台里,阳光一朵接一朵长在桌面堪称清澈的玻璃板上,下面压着附近地铁公交的线路图,老旧的月饼盒里装着颜料,还摆着许多尺寸不一的笔刷、铅笔、美工刀、胶带等,当然还有他画画时必不可少的工具——一大一小两把放大镜。

桌上是他刚打好框架的画稿,"这个现在还不太看得出样子,但是我自己画的时候心里都有数,哪个地方要画什么"。连环画的绘制是蒋振国一个重新回忆思考芷江西的机会,芷江西街道作为上海一隅,其变化是数十年来上海这座城市变化的缩影。受连环画启发,蒋振国开始画起展示芷江西变迁的十米长卷,并且开始寻找代表上海变化的标志性区域。

蒋振国总共画了四幅十米长卷,地点分别对应宝山区、共和新路、芷江西和外滩。他拿出厚厚一卷原稿,高兴地对我们说"这个是(外滩)原稿,(外滩和另外几幅相比)这个肯定更精彩呢!正稿更精彩嘞!"画上密密麻麻贴着修改的胶布,密密麻麻竟有四五千人。他兴奋地指着上面服饰各异的人物向我们介绍,"每个人的姿势都不一样,你仔细看就能看得出来了。"

从苏州河到新开河,从外白渡桥到城隍庙,十米长卷亦是外滩几十年来历史的画卷。时代里的老者试图画出时代里的变化,画画是蒋振国学习当下时代的一种方式,成为他生活中再也无法分离的一部分。

单一幅长卷便耗时半年。每天早上吃完早饭,蒋振国吭哧吭哧坐上公交车去实地写生,一看到觉得合适的景就画下来,以免自己忘记。"公共汽车的人都认得我,'哎这个老先生又出去画画了',附近卖东西的好多人都认识我，因为我连着几个月，每天都去……"下午回到家吃完饭以后，休息一会儿，就在客厅里用两张椅子架起一条长板撑起巨大的画卷，站着开始画画。对他来说，画画要严肃对待，"画画必须要设计，这是照片没有办法满足的。需要考证，不能瞎画"。画里的细节都有其存在的意义。近大远小必须要满足透视的规律，又需要照顾到景物细节；前方的景物太矮小，就得设计一些别的景物来平衡空间的量感。

年迈的蒋振国视力和听力都大幅衰退，老花的加重让他没有办法正常地看画稿，戴上老花镜，拿着放大镜，画到细节处，一个放大镜的度数如果不能满足，那就必须再叠加一个放大镜增加精细度，一个不够就两个。对如今的蒋振国来说，他的体力已经让绘画受到颇多限制。为了画长卷他需要站起来进行整体作画，而长时间的站立已经无法完成；因为年迈，他已经没有办法牢固地握紧画笔，作直线时需要抵上一把直尺。画稿上的线条依然细腻流畅，很大功劳都来自蒋振国后期修改时的精益求精。

他的房间并不大，一张床、一张桌子、一个沙发，和一个柜子。柜子里大多存放着蒋振国不舍得扔的老物件：第一次去北京买的姓名章，自己用木头刻的印章……柜子上摆着他用捡来的煤块、小木块废物利用制作出的青山流水立体图，上面还细致地摆着雕刻出的镂空小亭子。房间的屋角是蒋振国亲自雕刻的墙饰。艺术对他而言是生活，而他同样喜欢把生活制成艺术，也许这就是画画带给他最大的礼物。

除此之外，房间内全都是画。衣柜里一扇门后密密麻麻地叠满，另一扇门后扎扎实实地插满，上面贴上写着日期、主题的纸条，最后用绳子扎好。这些画卷他不让任何人帮忙收，只会按自己的安排放。蒋振国说："我的家里没有什么好东西啊，只有这些画了。"每讲到一幅画时，他立刻从椅子上颤巍巍地起身。蒋振国看不清楚画卷上的纸条，需要有人把上面的字念出来。

"蒋爷爷！写着'唱支山歌给党听'！"

他摇摇头呢喃着"不是这幅"，又重新慢慢地转回衣柜，整个人几乎要钻进画里去了。

每一张画里的蒋振国，每一片上海的芷江西，找到画的那一刻，画里的故事好像又自动在他眼前复现了一遍，定格的画完成他认知的当下，终于成了他活起来的生命。

陈捷：2000年生，上海大学文学院中国创意写作研究院2023级硕士研究生。

打造数控梦工厂
——数控教师王文强的故事

陈芳盈

上海市大众工业学校位于嘉定区北部，也接近整个上海市的最北端，这似乎是一块与喧嚣、浮华都不相干的区域。学校内，一幢幢教学楼和实验室错落有致地矗立着，天鹅绒般的草坪镶嵌在目之所及的水泥墙面之外。2001年，懵懂少年王文强走进此处时，完全想不到自己将会在嗡嗡作响的数控机床边度过往后的数十个春秋。

在机床上，种下一颗种子

阳光透过巨大的玻璃穹顶，洒落在宽敞明亮的生产车间里，照亮了无数台精密运作的数控机床。空气中弥漫着淡淡的机油与金属切削物的混合气味。

王文强熟练地操作着电脑，屏幕上跳出一幅复杂的三维零件设计图，每一个细节都清晰可见，从一个小台阶到复杂的曲面结构，无一遗漏。他轻触"发送"按钮，这份设计图纸便通过无线网络瞬间传输至车

本篇主人公王文强，1984年生，中共党员，大学本科学历，高级技师，上海市大众工业学校教师。荣获"全国技术能手"、"上海工匠"、"上海市技能大师工作室"领衔人等荣誉称号；被评为"全国优秀教师"、"全国职业院校金牌指导教师"，获上海市五一劳动奖章，享受国务院特殊津贴。2024年全国新时代"百姓学习之星"，2024年上海市"百姓学习之星"。

间中央的一台五轴联动数控机床。

机床接收到指令后,立即启动,发出低沉而稳定的嗡嗡声。机床内部,多个精密的伺服电机开始协同工作,驱动着刀具在三维空间内自由穿梭,宛若一位技艺高超的雕刻家,在坚硬的金属块上雕琢出细腻的纹理和精确的轮廓,飞速旋转的锋利的硬质合金刀具正一圈圈地切下金属。与此同时,机床的润滑系统也行动起来了,硬碰硬的较量需要冷却液滋润着,为各个运动部件提供必要的润滑和冷却。

在加工过程中,机床内部的传感器和摄像头如同忠诚的守护者,时刻监视着切削区域的动态变化。它们捕捉着温度、振幅、切削力等关键参数,并通过数据传输网络将这些信息实时反馈给控制系统。控制系统根据反馈数据,动态调整切削参数和刀具路径,确保加工过程的平稳进行。

切削一寸寸深入,金属块逐渐被雕刻成设计图纸上既定的形状。散落的金属屑如同泛华细雨般泼洒在收集盘中,发出轻微的沙沙声响,那是金属与机械共舞的工作旋律。当最终的产品从机床中被取出时,原本冰冷的金属块仿佛已被赋予了生命,呈现出设计图纸上的形状——一个精密的机械部件成形了。它的表面光洁如镜,尺寸精确度达到了令人难以置信的程度。

倏地,一台自动化的机械臂缓缓伸出,精准地抓取这个刚出炉的零件,将其送往质量检测区。在那里,先进的激光扫描仪和智能传感器将对其进行全方位、无死角的检测,保证每一个尺寸、每一个角度都符合设计要求。整个数控制造过程,从设计到生产,再到质量检测,全部实现了高度自动化与智能化。

这一切,看起来似乎是探囊取物般的一个体系。然而,王文强学习数控操作的经历,却并非一帆风顺。王文强坦言,"这一路走来,困难很多"。话语不多,却让我们顺着他的思绪,回到了他学习的起点。

王文强出生在湖北，但他幼年时便随父母回到了上海。初中升高中时，拿着能进市重点高中的优异成绩，王文强却迈过了中等专业学校的门槛，来到上海市大众工业学校。他跳过了烹饪、汽修、机电等一众专业——其中不乏当时的热门专业——几乎是毫不犹豫地选择了数控。为什么？身边的亲友对他的两次选择都很不理解。"当时我觉得……国家会大力发展先进制造业，应该会有很多平台展示自己。"王文强有些不好意思地挠挠鬓角，"或许那时候我是有点任性，但想早点为家庭减轻负担的念头驱动我早点工作，……而我抱着对高新产业的向往和未来制造的好奇，选择了当时实际上对其一无所知的数控。"

作为制造业中的热门方向，数控在二十年前也不过是刚刚起步的工业门类，真正对数控编程和概念较为了解的老师少之又少。有些指令在企业用得比较成熟了，可学校里的老师甚至还闻所未闻。连老师们也对数控编程、概念不明了，学生们又该怎么办呢？

老师的教学没有先例可循，大多数同学见此现状选择了浑噩度日，王文强对自己选择的专业只有似懂非懂的感悟，但他决意走一条与他人不同的路。既然已经做出选择，那他势必要在这片海域扑腾出点浪花来。那时的王文强，凭借着对新技术的好奇心和求知欲，开始了艰苦的学习之旅。没有现成的教材，没有成熟的经验，他只能依靠一本《机床操作手册》，反复研读，不断摸索。为了更了解自己所学的专业，他在课余翻阅仅有的这部专业书籍，不厌其烦地重复着实践测试。每当遇到难题，他都会饭也不吃地对着程序反反复复地去试，直到弄清楚其中的动作、格式为止。

终于，冰冷的机床上也在投入的坚持中舒展开生长的枝丫，不知疲惫的机械臂在人类的意志下打造出精益求精的产品。

然而，王文强的目标远不止于此。他渴望站在更高的舞台上，挑战更强大的对手，展现自己的实力。

学校只要求同学们拿到"数控中级工"资格证书,可王文强硬是赶在毕业前又考取了"数控高级工"证书,日夜的苦修换来了毕业时的脱颖而出,也为他参与人生中最重要的比赛之一——全国第一届数控技能大赛扫除了路障。

为了备战全国数控技能大赛,王文强付出了比以往更多的努力。他不仅要熟练掌握各种数控编程技能和计算机编程技术,还要研究各种先进的制造工艺和设备。他每天都沉浸在知识的海洋中,不断吸收新的知识和技能。

如果说那些挥洒而下的汗水靠的是青年人的自律和规划,真正让王文强为数控而着迷和服膺的赛事,在2004年的冬天应约而至。全国的数控专家为了这场制造业的盛筵汇聚北京,前沿的技术令第一次参加比赛的王文强倍感震惊,又深深地被折服。

2004年,这个王文强人生中非同小可的年份,他参加了全国第一届数控技能大赛,这是国家六个部委联合举办的一项盛事。作为一项国家级一类职业技能竞赛,大赛旨在选拔中国顶尖的数控高手,检阅中国制造的实力。比赛设有数控车工、数控铣工及加工中心操作工三个工种,分为学生组和职工组,其中学生组在中职和高职中进行选拔。王文强作为众多参赛者中唯一的中职生脱颖而出,代表上海数控车工学生组来到了赛场。面对来自全国各地的顶尖选手,他凭借着扎实的功底和不懈的努力,在高强度的训练中不断地突破自己,进步飞速,最终取得了全国第45名的佳绩。

"比赛让人成长很快。"王文强感慨道。在那次比赛中,他不仅收获了荣誉,更重要的是积累了宝贵的经验,锻炼了自己的心理素质和应变能力。

正是这场比赛给他带来了前所未有的震撼,使他更加坚信数控制造的未来不可限量。

回到上海，王文强将自己耗在机床上，有时候夜深了便在实验室里将就着过夜，第二天醒来继续昨天未竟的实验测试。

小小的种子也会开出灿烂的花朵。来年秋天，王文强在上海市大众工业学校培育出了自己的第一颗果实——开启留校任教的人生新旅途。

如果教不熟，则与学相长

一开始，王文强只是在车间里面干实训工作，还没有进课堂上讲台的能力。直到历练了七年之后，拿到教师资格证的他，才姗姗走进教室，后来又带着学生们进行各种样式的实练实操。

在王文强第一次以教师的身份进行授课时，抱着书本走到黑板前的他努力不让自己的颤抖被台下看起来仅仅比他小上几岁的同学们发觉，强作镇定地在讲台中央停下，翻开书本开始讲课。

那是他生命中记忆犹深的四十五分钟。

从他照着书本上的概念读出第一句话以后，那些文字就缠上了他似的，几乎是逼迫着他干巴地念下去。年轻的老师攥紧了的拳头里都是冷汗，丝毫没有注意到自己那不受控制而频频加快的语速。

不到二十分钟的时间，却是如此漫长——他竟把整节课的内容都提前讲完了。他声音停滞的那一瞬间，空气仿佛都凝结成冰柱，直指他的面庞。

于是，他拂去从额上流至眉梢的汗水，缓缓地把低到书里的目光抬起来。目之所及，是显然一头雾水的同学们，他们既没听明白转瞬即逝的教学内容，也搞不清楚突如其来的暂停又是为何，他们只是或低头看书，或仰视教师。学生们总是无条件地信任着讲台上的老师。

王文强悄悄地咽下梗在喉头的口水，翻过一页书，硬着头皮继续念下去。

自此,王文强再忙也要挤出时间去听别的老师上课,以学生的身份,以求知的心态,急切地寻找教学的秘方与诀窍。当他有意识地去模仿经验丰富的老教师授课时,发现他们教学时虽语速缓慢,学生们却学得又好又快。当梅雨来了又走的时候,王文强已然明白在教学活动中,最重要的是让学生学到知识、领悟真理。他在"有样学样"的基础上不断修改自己的教案和教法,并融汇自身丰沃的实践经验,把知识点和操作诀窍讲得更加细致,他在课堂中逐渐得心应手起来。

被晨光温柔唤醒的工业园区里,数控制造业的一天悄然拉开序幕。这里,是钢铁与智慧交织的殿堂,每一块冰冷的金属,在精密的数字指令下,宛若被赋予了生命般的灵动。

走进宽敞明亮的生产车间,首先映入眼帘的是一排排井然有序的数控机床,它们像是沉默的巨人,静静地等待着任务的降临。空气中弥漫着淡淡的机油味,那是工业进步的独特气味。

一旁,有台机器正在进行着3D打印作业,一层层薄薄的材料被精准地叠加起来,就像是大自然中的珊瑚礁般缓慢生长,只不过这里的速度与效率,是其无法比拟的。不多时,一个复杂而精细的零件便在众人期待的目光中逐渐成形,它不仅是金属与塑料的结合,更是创意与科技的结晶。

整个生产流程中,质量控制是不可或缺的一环。王文强领着学生们,手持精密的测量工具,对每一个成品进行严格的检验。他们的眼神中透露出不容置疑的专业与严谨,确保每一件产品都能达到客户的要求,甚至是超越期待。

当夕阳西下,金色的余晖洒满车间,一天的忙碌渐渐接近尾声。那些经过精心雕琢的零件,被整齐地打包,即将踏上前往世界各地的旅程,成为汽车的心脏、飞机的翅膀,或是某个高科技产品的核心部件。在这里,数字不仅仅是冷冰冰的代码,它们是梦想与现实之间的桥梁,连接着过去与未来,让每一个平凡的日子都充满了不凡的意义。

一晃十数年过去,稚气的少年人已经长成稳重的青壮年,各种荣誉纷至沓来,令王文强应接不暇。如今已是"上海工匠"、"上海市技能大师工作室"带头人、"上海市五一劳动奖章"获得者、享受国务院特殊津贴专家的他,先后五次代表上海参加全国数控技能大赛。

在教学成果上,王文强两度荣获上海市中职教师教学能力大赛一等奖、教学成果奖和个人专利的奖项。让人叹为观止的是,他指导的学生取得市级一等奖以上成绩竟达十八人次,自己也被授予"全国职业院校金牌指导教师"称号,被当之无愧地评为"上海市教育年度新闻人物"。他创建的创新工作室培养出了大批高素质的技能人才,其中就有三名全国技术能手、一名全国青年岗位能手。对此,王文强的脸上总是洋溢着自豪的笑容,"我有学生比我还早被评为'上海工匠'!"

他紧跟技术发展的脚步,要求学生不仅要学习数控编程,同时也要掌握计算机编程。他对新兴的智能制造业(即工业4.0)赞不绝口,"数控编程已经被淘汰了,目前正转向计算机编程"。后者既能够以虚控实,也可以反之行事。

什么意思呢?计算机编程能够虚拟出整个加工中的一系列动作,并且是一比一地还原,真实度极高。先模拟机床集,然后进行控制。每一个步骤都能够在显示屏上展现出来,包括下一个行动指令和哪怕是修改过后的指挥命令。

在真正进行批量制造前,就能够提前了解到生产情况和可能出现的纰漏,无疑对后期的整改和再生产提供了极大的便利。

制造业中最重要的"母机"——生产机床的机床,只有比普通机床精度更高的设备才能生产机床。现如今,制造业的发展更多地考虑到综合性的技能,而不再是仅仅考虑单个零件的生产。中国作为唯一全产业链的国家,硬件都能达到要求,可惜软件方面还有不足。加之各种模拟和计算都依赖软件的运用，这可能会遭受他国垄断或干涉。王文强严肃庄重地表示："在这方面，我们的国家一定要有自己的机械加工软件。"

这些，电脑编程都可以做得非常到位，而人的任务和责任则是设计、统筹、修补。可见，核心还是要有人来提供思路。

"两年时间的高强度投入，才能成为一个优秀的产业工人"，王文强认为，技能是用时间堆出来的，付出足够的学习时间和实训努力，一定能够在专业方向上有所贯通。他的学生们每天要总结出三个问题，并自己进行分析、作出解答。

与传统教学观念不同的是，王文强希望学生先达到速度上的要求，再做到精度上的确切。这来自他多年比赛的经验，在他眼中，比赛是学习数控效率最高的途径，也是对企业生产进行优化更新和提供可能，"以实际需求为出发点，发挥各自的想象来研究，拿出更优的方案再讨论"。

专业的比赛对精度和速度都有极高的要求，除了本身的难度以外，时间也尤为紧迫，没有任何多余时间能让选手空着手思考，比赛伊始整个人就会像陀螺一样转起来，直到比赛结束才能有一刻停歇。

一场比赛大约持续七八个小时，王文强掰着手指数起注意事项来，"所有的工具都要放在一伸手就能摸到的地方。动作要娴熟，动作与动作之间尽可能精简。因此要卡每一个细节：零件加工、工具摆放、安全措施……"

王文强五次代表上海地区参加全国职业技能大赛，总共拿到了四块金牌。其中，他在2018年因获金奖而被授予"全国技术能手"称号——之前上海选手获得这项全国性殊荣，已经要追溯到十年前了。

我们的人生是一片旷野

说起印象最深的学生，王文强几乎是不假思索地回答，"那肯定是

2008级的杨有成啦。那时候，我们经常一块儿学习，一块儿琢磨问题，一块儿往前奔。这小子，脑子里总有些新奇的想法，像是装了个永不停歇的创意发动机。杨有成啊，他不怕吃苦，也不嫌累，认定了的事儿，非得做到最好不可。记得有一回，咱们为了搞定一个实验项目，连着熬了好几个通宵。他硬是一声没吭，眼睛熬得通红，还是那股子不服输的劲儿。我就在想，这孩子，将来肯定有出息。"

杨有成目前是航天八院一个研究所的一名组长，他经过上海大众工业学校里的系统训练后，进入航天行业工作，以扎实的基本功，得到了单位领导的重视，获得定点培养，后来作为"全国青年岗位能手"、"上海工匠"、"上海市技能大师工作室"主持人、全国劳模班组负责人，成为行业专家。

"航天八院的研究所，那可是咱们国家航天事业的顶尖儿地方。凭着一股子韧劲儿和在学校学的扎实本事，没多久，他就成了单位里的香饽饽，领导看重，同事也喜欢。最让人高兴的是，他还弄了个'上海市技能大师工作室'，带着一班人搞创新，解决难题。听说他负责的班组还被评为全国劳模班组，成了大家学习的典范。你说，这孩子，是不是挺争气的？每次想到他，我就像是看到自己亲手种下的小树苗，一点点长成了参天大树。杨有成，他就是那种让人一看就心生欢喜，一听就满怀希望的年轻人。我啊，打心底里为他感到骄傲。"王文强的脸上泛起暖洋洋的笑容。

在2018年的全国数控技能大赛上，王文强凭借着出色的表现和稳定的发挥，一举夺得了全国技术能手的殊荣。这不仅是他个人的荣誉，更是对整个上海数控技术领域的肯定和鼓励。

站在领奖台上，王文强感慨万千。他深知，这个荣誉的背后是多年来不懈的努力和坚持。他感谢自己的家人、同事和学生们的支持和陪伴，也感谢所有给予他帮助和指导的师友们。

于是，他更加坚定自己的教学信念，希望以自己的热度温暖和感染更多痴迷于学习制造业的年轻人，想给像当初的自己一样渴求知识的孩子们带去一些什么。王文强的学生杨有成就是他在机床上精心浇灌的种子之一，如今这棵小苗已经长成了参天的大树。

在道阻且长的学习之路上，王文强逐渐摸索出自己的途径，并且传授给他的学生们。通过反复的训练，他提出了"三三教学原则"。在每天训练结束后，会留出大约一个小时的时间，大家围坐在一起，探讨一天的训练情况、遇到的问题、自己的解决方案，以及其他同学是否有不同的解决办法。他要求每位学生每天必须提出至少三个不同的问题，并进行原因分析，提出解决方案，使得每套零件至少能够采用三种不同的工艺去加工，以训练他们分析问题、解决问题的能力。而王文强此时的主要任务就是倾听，在安全上进行把控，其他方面则鼓励学生大胆尝试，哪怕错了，也要自己去试出来。

"整个过程中，我也在不断地学习，不断总结，不断进步。即使同一个零件，我每年的加工方案都是不一样的，每一年都在进步，跟着同学们一起进步。"王文强笑着向我们展示了他的学生们的成果。只见那整面墙被一张张亮闪闪的奖状装饰得熠熠生辉，仿佛每一道光芒都在诉说着学生们不懈努力的学习故事；书柜里头，各式各样的奖杯错落有致地摆放着，它们不仅是学生们技能的见证，更是他们无数次挑战自我、超越极限的荣耀徽章。

这不仅仅是一个个奖杯和奖状的简单累积，它们背后凝聚的是无数少年在学习数控技术这条道路上挥洒的汗水与泪水，是无数次失败后依然坚持不懈的决心，是对精湛技艺无尽追求的热爱。每一个深夜里灯火通明的学习钻研，每一次面对难题时不气馁的冥思苦想，都化作了通往成功的坚实步伐，共同铸就了这座闪耀着智慧光芒的"数控堡垒"。在这里，每一位青年都是勇敢的攀登者，他们用自己的双手和智慧，在数控技术的峰峦上不断攀登，向着更高的目标迈进，书写着属于新时代的传奇。

谈及给新一代青少年的学习建议，王文强直截了当地道："一是不要放弃，二是书不能丢。"读书向来是学习不可或缺的主流途径，人们能够通过读书来下学上达，提升并沉淀自身，拓展眼界且打开思路，这并不局限于专业书籍。

当前，家长们大多希望孩子能够获取高学历，却忘了学好一门技能的重要性。王文强所在学校招收和留住学生是越来越困难了，虽说中专侧重实践操作，能教给学生们更具日常的工作技能，但人们现在都想要通过升学来进阶。最基础的工作成为走投无路之下的将就，只要有丁点别的希望，就没有人愿意把宝贵的时间"浪费"在一所中专里。

在人的生命力和精力都有限的情况下，方法论有着举足轻重的学习功用。在王文强看来，倘若把一块石头扔进水里，它会循着最快的路径迅速沉到水底，学习也应像石头穿过水一样，穿越学习空间，任岁华流逝，把板凳坐冷，让自己沉下心来。紧盯学习目标，不让与目标相违背的任何东西进入自己的内心，保持决心，超越自我，必有所成。

王文强有些迟疑地告诉我们，他同样不希望自己的小女儿读中专读数控，"因为这太辛苦了，所以我能理解那些父母的想法"。他的微信头像是自己与女儿一起拍的合照，溢于言表。"随着时代的发展，家长和学生都不愿站在机床前工作。一个人扑在一台机器上，也会使效率降低。"随着科技的不断发展，王文强敏锐地意识到智能制造将是未来的发展趋势。他带领团队深入研究智能制造技术，将操作工的任务交给机器，实现生产过程的自动化和智能化，打造无人车间。这也是他全力以赴扑在科研和教学上的一大原因，力图在数控学习的热诚与身为父亲的心情中找到一个平衡点。

"目前的方向是，将操作工的任务（重复的工作）交给机器，这是比较合理的。"王文强说道。他带领团队研发了多项创新技术，并获得了多项专利。这些技术不仅提高了生产效率和产品质量，还为企业创造了巨大的经济价值。

同时，王文强还积极指导学生参与全国数控技能大赛和工业 4.0 等项目的比赛和研讨活动，不断学习和借鉴国内外的先进经验和技术。在他的带领下，他的团队在全国数控技能大赛中屡创佳绩，也为上海赢得了多块金牌。

陈芳盈：2000 年生，上海大学文学院中国创意写作研究院 2023 级硕士研究生。

从指尖到心间
——书法家吴钢的故事

高星宇

一

轨道技术学院的同学或许还记得第一次见到吴钢的那天。那是2007年的秋天，穿一身天蓝色衣服的吴钢从小汽车上跳下来走进教室，手里拎着一只布袋子，后面跟着一个矮胖的中年人，中年人是他们的校长。

吴钢把袋子放到讲台上，有些眼尖的学生一眼便看出袋子里装的不是厚厚的教材书。隔着一层无纺布，能隐约窥见一根柱状体。校长等他站在讲台上，摸出手帕擦了擦汗，对旁边的代课老师说，"这是吴钢，今年的新生，字写得好。你让他给大家上两节书法课。"

台下哗然。

吴钢听到了几声低低的闷笑。也确有几个人，挠着头问校长，去哪里领毛笔和宣纸，继而引发新一轮的哄吵。几欲逃跑的心情像皮疹一样在吴钢的皮肤上扩散。他小心翼翼地，把袋子里的东西一件件拿出来。毛笔和宣纸是校长带着他临时买的，笔搁和砚台是从麻城老家带来的。

本篇主人公吴钢，1990年生，上海庆之文化传播有限公司董事长。湖北麻城人，现居上海。中国书法家协会会员，上海书法家协会篆隶专业委员会委员。

上路时没想着能继续写字，也没想着不继续写字，一片仓皇中被母亲"绑"上了来江西的火车，只顺手挑了两个小物件塞进包里，权当一种陪伴。面对教室里有些诡异的氛围，他又生出逃跑的心思。

四小时前。

南昌某家小炒馆里，吴钢一家正在吃饭。江西的口味比湖北要重一些，但也算吃得惯。吴钢拧开一瓶水，语气试探，"感觉也不是非念不可"。

母亲没有说话，他胆子大了些，"而且这个学校才办第一届，是好是坏，都不清楚"。

母亲放下筷子问道："不念你要去哪？"

"哪都不去，我要回家。"

"我和校长在电话里聊过你的情况了。人家校长说了，你再放在我身边养就要废了。"

吴钢闭紧嘴巴，嗓子里闷出一声冷哼。

如果没有高三的那场病，他原本可以上一个好一点的学校。大病一场后，他休学一年，高考失利，与本科失之交臂，被母亲"扭送"到江西某轨道技术学院学铁路专业，想着能谋一个铁饭碗。那是2007年，房地产和高铁行业火热。这应该是一个不错的安排。

吃完饭不久，母亲半哄半吓，带着吴钢先去见了学院的校长。校长有着一张慈祥而又严格的脸。他说学校兴办之初珍惜每一个学生，希望吴钢能够留下来，当他们第一届的学生。

吴钢对他的招揽之辞没有兴趣，耷拉着头望向另一边，没有接话。

母亲戳了他一下，道："你这孩子，校长和你讲话呢。"

"我不想修铁路！"吴钢终于憋出来一句。

母亲脸色有些发青。校长握着他的手，面目和善。

"那你想干什么呢？你总要干点事情吧，孩子。"

吴钢感受着手掌传来的温度,他听到了自己的声音:"我想继续写字。"

"我要写书法。"

二

吴钢来自湖北麻城,一个以石头闻名全国的地方。

他从不避讳自己的家乡与职校的出身,尽管很多人都会误以为他来自书香世家。彼时的麻城经济结构比较单一,采石产业撑起了城市大半的 GDP。他的父母都是银行职员,在电子公务尚未全国推行的年代,一手好字便很重要了。在同龄的男生还在被老师骂"狗爬字"的时候,他的硬笔已经写得足够漂亮,让他收获到了很多老师的喜爱。

魏老师是其中一位。

二十多年过去,魏老师的容貌已经模糊在旧日的尘光中。但他无论向谁提起,都只能说:"我忘记了她长什么样子。"但是他又会补充一句:"她很像李清照。"

吴钢当然没有见过李清照。

魏老师在上岗前接受过三笔字训练,排版字、毛笔字写得都十分出色。在少年时代,魏老师是吴钢眼中最像李清照的才女。魏老师也很欣赏他的硬笔,班级里大大小小的活动,但凡涉及书写活动的,一律都交给吴钢负责。班会的黑板报,拿去展览的模范作业,誊抄的听课笔记等,吴钢的字迹频繁地出现在学校的各种活动中。魏老师对他说,你写得很好,一定要坚持下去,不要埋没自己的天分。

老师对于学生的鼓励往往藏着一丝善意的欺骗。老师固然知道不是每一个学生都有机会成为世俗意义中的成功者,但他们依然会对学生身上的闪光点给予最大的鼓舞,由此希望学生可以更加上进。

吴钢听了进去。

高三那年，吴钢生了一场大病，休学在家。在高三，其他同学都投身于紧锣密鼓、金戈铁马的氛围中复习冲刺，而他只是待在家里。焦虑和不安填满了他尚未成熟的灵魂，吴钢别无他法，只能选择书法，以对抗彼时杂乱的心境。

无数静夜，吴钢蜷在书房临摹颜体，所有的心力都倾注到线条上，忘记时间在流动。他冥冥中觉得，似乎可以一直写下去。

这实在是一段苦涩而温情的回忆。没有人告诉他你一定要去做什么，包括他自己。只是纯粹的喜爱，未经世情雕饰，在冥冥之中，凭着近乎本能似的动机做一件喜爱的事情。

来到南昌后，他延续着这份动机，在校长的劝哄下进入轨道技术学院学习。入学第一天，他凭借着一堂极其混乱的书法课在校园里出了名。大家可能不知道他到底什么情况，但多少听说过有个男同学给别人教书法。在当时，这倒也是件出风头的事情。尽管学着并不感兴趣的专业，但他依然保持着自己的一技之长，日子也不算太艰难。

我环视着这个房间，不算宽敞的面积被主人布置得很好。墙面上挂有不少书法作品，侧边的木桌上放着几摞学生习作——这是吴钢的书法教室，坐落在中春路的一个居民小区。

"所以是从那个时候开始，心里有了书法教学的念头吗？"我联系他方才的话语进一步问道。

吴钢捏了下眉头，道："倒也不全是……主要是我女朋友。"

"啊？"

"我女朋友——也就是我现在的夫人，她是学人力资源的，当时在一家公司实习。有一天我就去接她下班嘛，刚好看到门口有个招聘广告，招少儿书法老师。我心想，这不就是我的活儿吗，就去应聘了。过程也算顺利，就这么开了个当老师的头。"

与在轨道技术学院里的小打小闹不同，书法机构需要的是真正具备教学能力的书法老师。面试之前，吴钢心里也有点没底。女友鼓励他，你是有童子功的，练了这么多年，还教不了小孩子？吴钢心想也是，好歹蹚一遍水，试试深浅。临近毕业，同届的同学们都被陆续分到了各个铁路板块，拿个扳手敲敲敲。他不是拿不起扳手，也没觉得扳手有什么不好。他就是觉得，握毛笔的时候，心里更开心一点。

书法机构的面试比较常规，吴钢陆续回答了几个无关痛痒的问题，顺便暗自打量着办公室墙上挂着的临摹作品。面试官看他兴致不是很高，问道："吴老师，您这边有什么问题吗？"

吴钢道："我想看看你们老师的字，要写得最好的，不要墙上那些。"

听到这里，我们都笑了，吴钢自己也笑道："那个时候年轻气盛。我想得很简单，看看他们那里的人的水平，心里有个谱。"语罢，他又微微叹气，"事实证明是我想得简单了。"

他原先以为，少儿书法机构能有多专业？教小孩子嘛。可当他真正入职，才发现机构里的每一位老师，书法学习经历并不比他少。甚至于一些在他看来已经很优秀的老师，还自费去找业内更加资深的老师精进深造。而自己似乎进入了瓶颈期，怎么写都不如意。

"年轻的时候是这样的，都以为自己有几分灵气。在头几年里，仗着这几分莫须有的灵气误打误撞，还算吃得开。但是时间一长，你的灵气就容易丢。大多数人都是有那么点天分，但后面都丢掉了。有大天分的人很少，能保住小天分就已经很不容易了。"

他的话让人很是触动。

我接触写作很早，孩提时喜欢组织院子里的小孩儿们一起过家家，每天趴在茶几上用拼音写每个角色的剧本台词。上学后参加过一些作文竞赛，拿一个小地方的奖都值得高兴大半年。我一直自诩是有天分的人,直到进入大学后看到了山外有山,而我曾经引以为傲的东西在山之外日益稀薄。

我将自己十几岁的感受告诉了吴钢。他似乎并不在意我略显唐突的插话,站起身走到房间东侧,墙面上挂着一幅字。我这双行外人的眼睛看去,那是一幅奇异甚至有些诡异的字——每一根线条在一个意想不到的角度发生倾斜、转弯,再以并不舒展的姿态结束自己的全部轨迹。每一处设计都似乎是为了与取悦观看者的目的作对,线与面的存在只是构成几何本身,而几何本身又充满魔力。

同行的摄影师先认出了这几个字:"不知……为不知?"

吴钢眼含笑意地对他点点头,然后指着落款处道:"这是我的老师,王建国先生,送我的。"他又转过身来看着我,"我与你想法一样,原地不动肯定是不行的。他们既然能找老师学,我也能。你不也在继续学习吗?"

"所以您后面专升本,也是在延续这个想法吗?"

"那倒没有。"吴钢爽朗一笑,"主要是当时来上海了,提高学历落户可以增加社保积分。孩子以后也能在上海参加中考。"

我们也笑了,"吴老师很接地气啊"。

"咳,"他摆摆手,"本来就在地上,沪漂了十来年呢。"

面对停滞不前的窘境,吴钢选择离赣来沪。

那是 2014 年。

三

据说,十年前的上海,互联网的风口吹起了一层又一层的泡沫,泡沫里永远淹着下一个行业新贵。郭敬明的"小时代"系列影片在互联网引起一波又一波的争议——魔幻、先锋、时尚,商业——上海这座被过分符号化的城市，成为无数年轻人膜拜顶礼的新锐圣地。

可"据说"又总是随意的，不负责任的，神秘而浪漫的，宛如一个只在文艺电影中出现过的危险情人。隐匿在"据说"之下的，是早高峰的地铁二号线，是凌晨四点的虹桥火车站，是无数吴钢们的十年。

虹桥站出发，郑州站下车。来回一千多公里，一去就待一个星期。听上去十分折腾的一趟行程，是吴钢一整年的日程。

吴钢的老师王建国先生，在郑州开办集训工作室。学生里不少郑州本地的，只要在集训当天的早晨赶到就好。也有一些像吴钢一样的外地学生，需要提前一天甚至两天的时间前往郑州准备住宿，才能赶上次日的早课。彼时的吴钢来上海不久，收入并不稳定，生活开支主要由女友来承担。父母并不看好这对在沪打拼的小年轻，希望他们回到家乡寻个稳定工作然后赶紧结婚。生活的每一个角落都充斥着不确定性，前路迷蒙不可知，往日又无可挽回。喧嚣的、魔幻的、不规则的外部世界时刻在变，形成一个巨大的彩色水团疯狂地包裹着他的身体。

他感受到陌生而熟悉的存在，好像十几岁时的历史又再一次眷顾了他。他感觉自己又回到了休学那一年。做什么都不对劲，做什么都是徒劳。可他也知道，自己得稳住自己，静下来做点事情。

"不然整个人就真的散了。"他告诫自己。

在处处是不确定性的生活里，去郑州集训反而成了他最确定的路径。

从郑州站下车，再打车到陇海西路新园小区，走正门朝东几百米，第一个单元门进去上四楼，便到了王老师的集训地。那是一间未经装修的毛坯房，除了必要的教学用具外没有任何多余的陈设。老师一般早晨九点到教室上课。吴钢会在上课前一个小时去教室练习，或者只是坐在那里等待。四周是冷冷的水泥墙面，乌七八糟的墨汁倔强地躺在地板上。他静静地坐在那里。

现在看来，那并不是一个大众认知中适合深造进修的场所。装修很简陋，信号也不好。但好在还算干净，也很安静。吴钢想，也许在这种质朴的环境下学书法，创作出来的作品会更加接近事物的本质。毕竟他千里迢迢来进修，图的不是环境，而是老师，王建国老师。

"王老师是一位有东方智慧的老师。有个词怎么讲，声东击西？他看到我们的困惑，然后不直接说，而是让我们去做另一件事，反而就能让我们悟出来。他还很擅长因材施教。对于班里的一些同学，他会比较严厉，要求对方不要随便自由发挥。但是对于另一些同学，他又会以夸奖为主，鼓励对方继续朝某个方向练下去。总体上还是以同学们的性格为准，然后针对我们的强弱项进行指导。"

吴钢便是被夸奖的那一拨学生之一。

童子功在身的他，不需要在一些基础问题上使老师费心，也不会因为心性浮躁不安而被老师责骂。一个愿意从上海坐一天火车来学习的人，又怎么会浮躁呢？晨课结束后，是午休和下午的练习时间。有些本地的同学会直接回家吃饭，也有其他同学结伴去附近觅食，顺便在附近逛一逛。

"我是外地的嘛，来一次不容易。就想着把集训的每一分每一秒都用上，不要浪费。他们中午叫我出去吃饭，距离近的话我就去。要是距离太远，我就直接拒绝了，自己在小区附近随便吃点，再赶紧回教室练字。再加上早上提前赶到的一个小时，平均算下来我每天能比别人多练两个多小时。"

2014年前，他一直停留在把楷书写得出众的阶段。学生时代的魏老师说那样的字语文卷面分会高，书法机构的家长们花大价钱把孩子送来学这样的字，但王老师说他的字尚缺火候，不够"高级"。

"一开始很痛苦，也很迷茫。突然不知道什么是好的，什么是我喜欢的。王老师告诉我,因为我想的太杂了,太固执了。就像你一开始以为我是什么书香世家一样,我们很容易被自己以前的经验和认知给迷惑。有时候是管用的,有时候又显得掣肘。这就是末那识。"

"什么?"我没有听清楚,"什么石?"

"末那识,认识的识。佛法上讲,你所看到的世界全部都是一种幻想,你是无法真正接触到这个世界的,而是看到世界的成像。末那识就是第七识,它把你所有的人生经验归纳到一起,然后根据它去对那些成像做判断。但这个判别是主观的,带有很强的我执色彩。其实你何必去执着呢?"

我在记事本上写下"宗教"一词,"这也是王建国先生对您的影响吗?"

"不全是吧,"他又站起来给我们的茶杯续了水,"有些是老师教的,有些是自己在练习的过程中突然悟到的。不过这个开窍的瞬间是需要长时间的练习来积累的。书法尤其是这样,不能眼高手低,一定要自己花功夫花时间,一点一点去试,然后又一遍一遍地重复,多看多练,这样才能渐渐品出些东西来。"

哪怕是吴钢自己也记不真切他真正意义上的"开窍"是什么光景。影视作品往往会使用大量的快切镜头来营造时间的流逝和主角能力的进步,然后再营造一个经典的场面来突出表现主角的成长变化。而当这些艺术表现形式融于生活中,就变成了一个又一个疲乏的午后。他回忆起那间毛坯房,甚至每一次回忆都好像能重新感受到那沉静的阴凉。同学们还没有回来,窗外是陇海西路的喧杂,是张牙舞爪的时间在流动。他的额头变得湿润,用袖管擦一下,没过一会儿又重新恢复胶黏。索性不管了,任由那些自由的汗珠一路驶过他年轻的皮肤,驶过微张的毛孔和柔软的毛发,最后消失于深不见底的衣领。纸上的线条变得重复,起笔走势,提按转折。无数线条之尸陈列在废纸上,新的线条又再次诞生,线条他都认识，可是字又是什么字呢？他的视觉产生紊乱，其他感官却灵敏异常。似乎是嗅到了一丝淡淡的闷酸，可能是来自他自己，不对，一定是来自他自己。房间里哪还有别人呢，整个天地，不是只有他自己吗？

四

对佛学知识我并不精通，甚至很长一段时间里将汉传佛教和藏传佛教混为一谈。我无法确定自己是否准确理解了吴钢提到的"末那识"，当然也无法确认他口中的"末那识"是否是佛典本义。但我们的目的并不在于宗教术语渊源与流变，只需清楚，吴钢是如何摆脱"末那识"的桎梏，如何顿悟，又如何踏入新的樊笼。

吴钢拿出一本薄薄的书，粉调的纯色封面，没有冗余的装饰。右上角一行白色宋体："吴钢书法篆刻作品集。"再往后翻，是一篇序，落款处是"壬寅春于苏州皇罗禅寺 含林谨识"。

"我的好友含林师傅，在皇罗禅寺修行。他和我经常交流一些佛法上的东西。"

"你们是怎么认识的呢？"

"上课。他是我成人班的学生，也是我好朋友。现在想想，也是我的老师。其实不止是成人班，少儿班那些小朋友，也经常给我很多启发。有句话怎么说的来着，'师不必贤于弟子'。"

吴钢的书法学校有很多学生，年龄从几岁到几十岁不等。在书法教学进入正轨的初期，他心里实际上是有些困顿的。"教小孩子写字，要符合人家家长的期望，也要顾及现在那些少儿比赛的审美取向。小孩子学书法的那么多，没有几个是真的想成为王羲之、颜真卿的。大部分是家长送来，为了有一手好字，多一个技能。这是一件标准化的事情，但是艺术应该学会跳出来。"

长期标准化的教学活动，让吴钢很长一段时间里失去了创作的兴致。他每天都尽量早点批改完学生习作，只为了挤出点时间坐到书桌上给自己一点创作的空隙。可是他越是抱着这样的心态，就越是难以找到状态。

事情出现转机，是一次"教学事故"。主人公是一个十来岁的女孩，被家长送来学硬笔。小姑娘梳着一头的小麻花，倔强地闭紧嘴巴，不愿意搭理她的母亲。家长看到吴钢像见了救星，直说辛苦吴老师了，辛苦吴老师了，自己下午还有个会，到时候再来接她。

吴钢记得这位家长，在微信上咨询过课程，很爽快付了一个季度的学费，却一直没有送小孩过来。现在突然在成人班的时间把孩子塞过来，属实有些不妥当。吴钢把她领到一楼的小教室，问她之前有没有练过字。女孩一直不说话。吴钢挂念着楼上的进度，给她先拿一本自己编的硬笔临帖，"你先看看前几页，照着练一下笔画。"然后便上了楼。

"当时确实时间不合适。她的家长比较着急，没事先问清楚课表。"吴钢有些不好意思。

何出此言呢？原来吴钢下楼回来，便看到小姑娘用他的毛笔在纸上涂画，她应该是先试了下这笔能不能用，估计是折腾了一番，因为地上和桌上都有不少墨点子。发现能用了，又在纸上画出一个胖嘟嘟的椭圆，圆中拦腰一笔短横。吴钢是有一点生气的，但和小孩子打交道这么久，也练出了好心态。他干脆走过去问她，你在画画吗？女孩说，我在写字。吴钢又问，那你写的什么字啊？女孩说，太阳。

几乎是一瞬间的凝滞，吴钢浑身一颤。他以为自己又回到了那个阴灰的毛坯房，通体的寒凉使得毛孔微张，可眨巴下睫毛，对上了小姑娘烂漫纯粹的目光。眼睛找到了眼睛。

"多妙啊。你能体会到我当时的心情吗？她其实想写'日'，但是她就是不愿意照着规范的来，自己异想天开地写。她觉得日就是太阳，太阳就是圆的，那为什么不能写成圆的，一定要写成方的呢？而且你应该知道，'日'的甲骨文就是一个圆。"我第一次发现吴钢的声量可以这么大。"有的时候，小孩子那种纯真自然的想象，反而给我很多灵感。书法本就是视觉艺术，它在规矩里下功夫，又要跳出规矩。那次我想明白了，自己之前太消极了。虽然他们是我的学生，但是我依然能学到很多。"

这算柳暗花明又一村吗？

五

返程路上，我从挎包里翻出那本藕粉色的作品集。这次我选择从后往前看，惊喜地发现在最后一页里，看到了吴钢的"自言自语"："书法在历代都有不可磨灭的审美功能，她是一门由汉字衍生的视觉艺术……"

只看到第一行，我便涌上一份迫切地探寻剖析万事万物之逻辑的冲动。全篇看下来，甚至做了几笔批注，寻思着可以深究的脉络线索。我打开微信对话框，点开了吴钢的头像。

"吴老师，我在阅览您的作品集的时候，发现您用'她'来指代书法。这样是有什么用意吗？"

没过多久，吴钢发来一行语音。地铁上人声吵闹，我还是将吴钢话语间的笑意听清了。

"没有什么用意。"

"随便用的吗？"

"是啊，只是为了好玩。"吴钢的对话框一直显示对方正在输入，"而且我当时这么写，就已经想好了有人会来问我。你看，你这不就来问了吗?"

"确实如此。"我莫名的羞惭。

"这就是末那识,你以为这个字它一定代表着什么,必然有什么深意和目的,但事实上却没有。而你以为有,还为此感到苦恼。你这不是被自己限制了吗?就像有些路,看着都是死路,以为走不下去,心生焦虑。其实只是被自己的末那识遮蔽掉罢了。"

我喉头一哽。听筒里的声音逐渐模糊,耳边是一片人声熙攘。

似乎看到一个面容熟悉的男子,靠在地铁的一角合眼假寐。他的肩上是鼓鼓囊囊的双肩包,小臂挽着一个帆布袋子,袋子里是毛笔,或是电脑和水泥。他是如何注意到我的注视,才睁开眼望了回来呢?他抬起手,晃了晃自己的袋子,说,不用着急啊,一定会到站的。

那是十年前的吴钢,正奔赴于他的路上。

高星宇:2000年生,上海大学文学院中国创意写作研究院2023级硕士研究生。

被草编点亮的时刻
——徐行草编传承人王勤的故事

李昔潞

王勤扶着展台，一深一浅地挪动着脚步，脚踝上缠着的纱布从裤腿边露出来。又是一个参访团，王勤向他们逐一介绍展厅里的作品，从经典的龙凤拖鞋，到等比还原的"一大会址"模型、手里拿着花篮的卡通"兔宝宝"、与潮流品牌"野兽派"联名的香薰花篮，甚至还有一辆用黄草编织而成的F1赛车……每一件都凝聚着她日日夜夜的思索和雕琢。等客人离开，王勤回头望了望展厅里的一切。暖色的灯光把展品的影子折射在橱窗玻璃上，又最终落进她的眼里，将她的双眸印得闪亮。而在王勤的人生中，像这样被草编点亮的时刻，远不止这一次。

长在草木纹理中

掌心合拢，将黄草放在其中旋转搓动，纤细的黄草便逐渐变得坚韧而牢固，这是王勤最早学习草编的记忆。在那些农闲和绵雨时节，一家人总是围坐在一起，一边编草，一边聊天，在彼此陪伴中度过了一个又

本篇主人公王勤，1972年生，国家级非物质文化遗产"徐行草编工艺"上海市市级传承人，研习草编设计制作数十年，探索草编从传统平面转向立体编织的创新方式，融合草编与其他元素，使传统的草编焕发出新的生命力。曾获"上海市劳动模范奖章""上海市五一劳动奖章""上海工匠"等荣誉，2023年获评上海市"百姓学习之星"。

一个平淡而安稳的日子。对还是孩子的王勤而言，这并不是一份辛苦的工作，而更像是和大人们一起进行的游戏。她爱看妈妈做草编，细长的黄草在妈妈指尖翻飞，如同一支欢快的舞蹈，千变万化又密有章法，不一会儿，散落的黄草便变成了纹理清晰而匀称的坐垫。那时候，王勤总缠着妈妈教她编草的技艺，被黄草摩挲得有些粗糙的大手包裹着她的小手，温柔而有力地一步步地布局经纬，母女之间流传着某种传承的默契，她隐隐地感觉到自己的人生坐标似乎也在这经纬之间被搭建了起来。

王勤出生在嘉定区东北部的徐行镇，这里有横沥河、练祁河两条主干河流经过，滋养了一种当地特有的植物——黄草。从唐代开始，先民就开始采集野生黄草，编织蒲鞋和草帽，因此徐行镇也被誉为"黄草编织之乡"。到了民国年间更是发展到了几乎家家种草，户户编织的地步，这样的盛况一直持续到20世纪70年代。那时候，农民们大多以耕作为生，人们的生活并不宽裕，草编便成了徐行人的副业。农业合作社有时会向村民们派发订单，但周期不定，数量也有限，每次有活干大家都抢着接单补贴家用。

王勤的爷爷是草织合作社的工人，负责外发和回收村民们编织的成品，总能抢到接单的机会，带回家来由家人们合作完成。有订单的时候，每天凌晨四五点，他们就会起床赶制，太阳升起来了就到田地上劳作，傍晚回家后，等哄孩子睡下了又继续在油灯下编织。徐行有"清明七月半，蒲鞋降一半"的谚语，意思是说每年农历清明到七月半这段时间，是菜田青黄不接的时候，农民们因此拼命编制草鞋。王勤总能想起每年的这个时候，妈妈几乎整日都在做草编。夏季蚊虫颇多，妈妈就只好穿着高筒雨靴，耐着高温坐在家里编织。映着日落月升的更迭，她的身影却几乎没有改变，总是坐在小板凳上弯着腰，低着头，不断重复着手上动作。年复一年，早已模糊了对时间的感知，脊柱也被岁月固定成了劳作时的佝偻形状。每个村庄编织的种类不同，有的专门制作拖鞋，有的擅长编织杯垫，而王勤所在的村子则以做草编包为主。"编筐打篓，养活九口"，这些集全家之力，昼夜编织出来的草包，都被拿到市场上换成了赖以生存的柴米油盐。

在这样的环境中，小朋友们最流行的课间游戏便是模仿大人的模样，聚在一起研究草编。谁做得快，谁又学会了新的编法，伙伴们之间总是要比赛的。得益于在家时的努力，在一众孩子中，王勤总是编得最快最好的那一个，然而在玩闹中，热爱也与日俱增，她不再满足于在和小伙伴的比赛中获胜。为了学好这门手艺，王勤几乎把课余时间都投入了进去，最初跟着妈妈学习，后来又向村里其他手艺人请教。她回忆道："我当时一有空就去学，草编这种手工看起来比较枯燥，要做好里面却很有学问。"左手挑经，右手捻纬，经线要根根拉直，纬线要紧密匀称，拉草力度稍有差异都会影响平整性，经纬交织，稍不留神就容易出错。日子一天天流逝，她的指尖功夫进步很快，掌握了挎包、篮子、拖鞋等各种用品的编织方法。

编好的作品，妈妈会拿到市场上售卖，那些由王勤亲手编的，赚来的钱便会交给她，让她去买自己喜欢的东西。"最早的时候，我们编一个包卖出去是一块多，后来变成两块多"，这是她人生中最早能自己支配的钱，但她大多都舍不得花，都一张张仔细收好，存在了盒子里。后来王勤读书的学费都是靠自己的双手编织黄草积攒下来的，这些钱成为她一步步走向更大世界的"启动资金"。

浪潮中的"船锚"

20世纪八九十年代开始，徐行的发展日新月异。镇上的泥巴路被柏油覆盖，王勤和家人也从平房搬进了楼房，田地里劳作的人变少了，公交车代替了自行车，每天定时定点地把身穿整齐工作服的工人送到工厂上班。机械轰隆作响，一年四季都不曾停歇，离开农田的人们也便不再拥有"农闲"的时刻，没有时间再去做其他的手艺；流水线作业，原材料顷刻间便被制成了丰富的产品，花费大量时间和精力的手工也不再那么迷人。在现代城市高速膨胀的岁月中，曾在这片土地上辉煌了上百年的草编便也渐渐淡出了人们的视野。

王勤也和同时代的大部分人一样，顺理成章地进入工厂工作。最初，她进入了一家中外合办的工厂做皮鞋，每天根据设计图纸进行手工打样，但没多久工厂却意外倒闭了。在后来的几年中，王勤换过许多份不同的工作，她曾在朋友开的广告公司里做纹样设计；也曾做过裁缝，整日和剪刀布料打交道。但换来换去，工作总还是绕不开手工，"可能我生来就是爱做手工的，这和从小做草编是分不开的"。这段不断更换工作的"漂泊"岁月也给王勤带来了一些工作的"间隙"，不上班的时候她便像曾经的祖辈们一样，拿起黄草，编织小物件自娱自乐。在生活的变化中，草编是她心理的"船锚"，只要摸到了黄草交错的纹路，她的内心也就感到安定了。伴随着女儿的出生和成长，家庭中也有更多的事情需要她操持，于是她干脆放下了外面的工作，安心在家里一边做草编，一边陪伴孩子。

这个过程中，她结识了草编大师计学成，被他精妙的纹样设计技艺所震撼，便很快拜在计老师门下，继续学习草编。草编的纹样设计十分不易，每一厘米编织几行都有讲究，经纬差之毫厘，做出来的纹样都可能失之千里，在不同的编织品上尺寸也完全不同，因此在编织前就需要对纹样的各个细节有清晰的规划。刚开始王勤也把握不住这个尺度，做出来的纹样左右不对称，成型后也没法再进行大的修改，失败是常有的事。为了方便向师傅请教，她整日都泡在工作室里，回家后也舍不得放下黄草，一次又一次解开经纬，重新编织修改，做不好的时候，几天都惦记着作品，无心顾及其他事情。什么时候开始变得游刃有余的，王勤早已忘记了，她只知道那是凭着热爱，靠着一次次的从头再来"磨"出来的。

春去秋来，王勤意识到自己早已离不开草编了，无论世界如何变化，无论在时代洪流中个人如何微小，只要草编还在，她的记忆根脉就在，精神就有栖息之所，爱就有所附丽。看到草编的没落，她在伤感之外更多出了一份责任感。于是，2014年，她从师父计学成手中接下了主持徐行草编名师工作室的重任，成为一名全职的草编传承人，扛起了让徐行草编发扬光大的担子。

重绘褪色的记忆

王勤做了许多传承、推广草编的工作。对她而言，草编是在过去物资并不丰富的年代最美好的记忆，对她的祖辈们来说更是如此。在政府政策的支持下，她在农家客堂间里提供黄草，举办活动和草编大赛，邀请退休的老人们前来体验。虽然已经许多年不曾编织，但当再拿起黄草时，手指还是留有肌肉记忆，那些褪色的回忆又变得生动明艳起来。她还前往中小学，教小朋友们草编技艺，她针对不同年龄的孩子设计了不同难度的课程活动，从徐行当地的神话传说到基本的编织技法，当她看到孩子们拿着黄草认真编织的样子，就好像看到了儿时的自己，又回到了那个家家户户编草的时代。

在传承之外，王勤也意识到，"传统草编产品已经无法满足现代人的需求，只有创新才能让这么古老的手艺在现代社会重获新生"。她开始参加各类非遗技艺培训班，希望能从其他技艺中汲取灵感，不同门类的非遗继承人们提出了"跨界"的想法，王勤便也想到了在草编中加入其他材质的材料，为传统工艺注入新的元素。得益于曾经在不同工作岗位上做手艺活的经历,王勤对布料、皮具、金属等材料都很熟悉,于是她和团队开始尝试将草编图案粘贴在金属手镯上、结合点翠工艺制作胸针、将草编纹样打印在陶瓷杯垫上……创意灵感像烟花一样一个接一个在她的脑海中绽放开来,她还与竹编传承人合作,共同推出新的作品。"草编制品不仅是拖鞋、挎包而已,这些年我们动了很多脑筋,开发了不少草编日用品、工艺品,让传统技艺和现代生活更贴近。"草编在不同的活动中亮相,更多的人开始了解到这门古老而充满可能性的技艺。

但创新之路并不是一帆风顺的。灵感难得,王勤便把目光投向社会,每出现一个时事热点,她都会思考能不能和草编建立联系。然而,从有了一个新点子到做出完整的作品实际上还有很长的距离,其中存在的困难也是难以预计的。2021年,王勤想要复刻一艘红船来庆祝建党百年,这个主意与团队中的伙伴一拍即合。她们比照着图纸等比缩小、染色、编织、组合,经历了一个多月,终于做出了雏形,但王勤很快发现了问题:黄草搭建了红船的表面,但内里没有支撑,导致结构并不稳定,黄草质地柔软,船篷无法挺立起来,此外,根据平面图纸进行编织,还原度也并不理想。一个月的日夜编织,大家都已经十分疲惫,建党节也已经临近,有人提出过放弃,但王勤仍然坚持要完成这项创作。虽然工程受阻,王勤却也因此得以在忙碌的工作中稍稍喘息,看着眼前未完成的作品,过往的回忆不断在眼前闪过,母亲曾经手把手地教会她交织经纬、和师傅学习设计时的一次次返工、自己放弃工作全职草编……她始终相信过去的学习经验能帮助她找到解决问题的路径,终于,她想起曾经在徐行小学上课时曾见过一台小型的3D打印机,当时师生们曾用它打印一些简单的模型。想到这,王勤立即与徐行小学的老师联系,得知他们的设备无法支持红船这么大型的模型建造,她便又把目光投向了高校。在过去的一次非遗培训班中,王勤结识了同济大学的老师,当他听到王勤的想法后,很快便介绍研究生加入王勤的团队,用3D打印技术为红船模型加持。他们将红船的主要结构拆分，一片片打印出来，将草编附在上面，再手动组装起来，这样可以最大程度地还原红船的样貌。就这样，王勤带领团队又夜以继日地干了起来，但就在组件准备完毕之时，她又发现原本打印的卡槽没有考虑黄草的厚度，因此没法按计划组装。就在大家发愁的时候，王勤选择用小刀一下下打磨卡槽，直至调整到可以安装的大小，当红船的模型被组装完成，所有人都为模型的浩大和精美而赞叹不已。对王勤而言，草木有其本心，那是质朴的、只想把事业干好的初心，凝聚着她纯粹的爱意，这是她献礼建党百年最好的礼物。

如今，王勤仍在不断探索着创新的路径。F1中国大奖赛迎来20周年纪念，她到车企现场去观察赛车外观，比对着赛车照片编织黄草模型；与时尚品牌联名，她与其他草编匠人前后尝试了3次、染废了五六十斤黄草，才最终达到了理想状态；坚持跨界，将嘉定竹刻、彝绣等工艺的技法与草编结合，拓宽草编的表达空间……"非遗技艺不只是'旧'的，可以'新'起来；更不是'死'的，要'活'起来。要让更多人了解徐行草编的魅力，就需要不断地学习，去发掘新的生长点。"三十余年来，王勤始终在学习、在传承、在创造，于瞬息万变的时代里，用一次又一次地尝试，为黄草染上新的色彩，点亮将褪色的时代记忆。

让平凡小草织出别样人生

在工作室之外，残联下属的培训基地"阳光工坊"也是王勤推广草编的阵地，而特殊的是，这是一个针对残障人士的技艺传授基地，与他们相处，教授他们知识，并不是一件容易的事情。最开始在工坊教授草编时，学员们对成堆的黄草并不感兴趣，王勤和他们的沟通也并不顺利，她常常精心准备了丰富的内容，回应她的却只有无尽的沉默。面对这样的状况，王勤并没有急于教授技法，而是上网查阅资料、向专业人士请教，主动学习和残障人士相处的方法，终于找到了走近他们的通道——心理疏导。

　　课前课后，王勤都会和学员们聊聊家常，了解他们家庭环境如何、在生活中有什么困扰、到"阳光工坊"来想收获什么？在朋友般的相处中，王勤掌握了学员们的心理需求，有意识地调整自己的授课内容，和他们的关系越来越亲密。当学员们放下了初见时的戒备，王勤发现他们其实是很愿意学习的，无论教授什么技巧，他们都会认真地聆听，编织过程中更是十分投入。草编不是能够一日千里的手艺，普通人尚且需要长年累月的练习，而教授这群特殊的学生学习草编，困难就更多了，"对他们要求严格了，学员会有挫败感；对他们太宽松，他们又掌握不了。而且每个人的情况不同，教学的'度'是很难把握的"。因此，在同一个班级中，王勤也并不是用同一套方法对待全部的学生，而是针对他们每个人的特点来因材施教：对于掌握程度良好的学生，王勤会逐步提高编织的难度，而对于动手较困难的学生，王勤便主要以参与式陪伴为主。"哪怕他们的进步很慢，一两个月都不一定能看到成果，但只要他们是愿意学的，我就会尽我全部的能力去教他们。这个过程对我们彼此来说都是辛苦的，学习不是容易的事，要经历一次次失败；教学也不容易，我得想方设法地让课程更有趣有效。但我每次走进教室，听到他们热情地喊我'王老师'，看到他们专注的眼神和取得进步时的欣喜，我就觉得这一切都是值得的。"

　　教授残疾人草编技艺，对学生来说是学习，对王勤来说同样也是，除了学习如何和残疾人相处，为了更好地销售草编产品，帮助残障人士自力更生，王勤也做起了互联网世界的"新学生"。她和团队开通了小程序网店、淘宝网店、抖音商城等多个售卖渠道，51岁的她甚至学起了"直播带货"。了解不同平台的受众属性和运作机制、学习年轻人在互联网上常用的潮流用语、研究如何才能在镜头前更好地展示草编作品的精妙细节……"我们要跟上时代，学习这些新的东西。"草编是一项需要静心的手艺，投入其中的时候可能一天都说不上几句话，曾经的王勤是沉默寡言的，只是几十年如一日地沉醉在静谧的编织世界里，在公众面前说话，是最让她感到紧张的事情。但热爱与责任能让人变得勇敢，为了更好地把这门手艺推广出去，她主动走到台前，向素未谋面的网友介绍起了草编的前世今生。最初，她需要在台下反复练习，才能在镜头前表现得从容，但现在，她已经能自如地与观众互动，巧妙地展示草编的独特魅力。她笑称："我是个很内向的人，小时候都不敢和生人说话，但为了推广草编，现在也变得'唠叨'起来了。"

聊起教残疾人草编技艺的初衷，王勤说："这是一门让残疾人靠自己的双手生活的手艺，同时我也希望能让他们通过学习找到精神上的支撑。"在日常的教学之余，王勤也鼓励一些掌握程度较好的学员参加草编比赛，或者在推广活动中作为老师去教授其他学员，"我要让他们发现自己可以做好一件事，为他们找到自信"。学习草编充实了学员们的生活，更让他们有了情感的寄托，当看到黄草在自己的指尖流转，变成各种各样的工艺品，那种成就感是他们在之前的人生中从未体验过的。

"白日不到处，青春恰自来。苔花如米小，也学牡丹开。"王勤始终相信，草编凝聚着工匠们的爱意，是他们传递心中美好愿望的表达方式，它给自己的人生带来了改变，同样也能点亮残障人士的生命。残疾人学习草编，王勤也学习如何用新的方式来教授和传播草编技艺，在持续的学习和劳动中，平凡的小草也能够蜕变成惊艳世人的艺术品。

今年的新芽是明年的作品

2008年，徐行草编被列入国家级非物质文化遗产名录，2018年，又入选为第一批国家传统工艺振兴目录,近年来更是频繁在中国国际进口博览会、上海旅游产业博览会、上海民俗文化节等重大活动上亮相。它以主动融入现代生活的姿态重新回到大众的视野,摆脱了一度曾被人们遗忘的困境。王勤也获评了"上海市五一劳动奖章""上海市劳动模范""上海工匠"等荣誉,她始终认为,是这一株株生长于农村土地上的平凡植物,改变了她的命运。但是在这些成就面前,王勤依旧认为传承推广做到这一步是远远不够的,"作为传承人,只有自己独有匠心是不行的。我们到后面年纪大了,做不动了,如果没有年轻人加入,可能这项手艺有一天就消失了,只有年轻人也能爱上它,愿意学习它,才能更好地发展下去"。

于是,王勤和团队把目光投向年轻的群体,变着花样吸引他们的注意。商场、图书馆、校园……只要是年轻人聚集的场所,王勤都举办过草编推广活动。其中,市民夜校是她重要的推广阵地。这是上海市针对中青年打造的文化品牌,旨在让"学习"成为上海最时髦的夜生活,丰富有趣的活动吸引了大量年轻人参与其中。王勤瞄准了这个接触年轻人的好机会,在夜校中开设草编课程,不仅讲解草编的历史,也鼓励学员们上手实践。为了更贴近年轻人的生活,王勤在考虑实践难度之外,更有意识地选择了具有时尚感的零钱包、收纳盒、小挂件,希望能让学员明白,草编不是古老而远离生活的"过时之物",非遗也可以"潮流"起来。然而,做草编是一项费时间的工程,一个小小的杯垫可能就需要编上好几个小时,在课程中短期内看不到结果,常常会影响学员的参与热情。于是王勤按照学员的不同需求,制定了"体验课"和"长期课"两种形式。对于注重体验的学员,王勤会为他们提供"半成品",一次学习一种编织方法,在老师起好头的基础上完成一个步骤的编织,通常一节课就能完成一个小的作品,保证了学员的成就感;而针对想长期上课学习的学员,她则注重系统讲解编织技巧,由学员全程自己动手,花费数节课来独立完成作品。在课程设计上，王勤也讲究举一反三，她常常从"圆形"开始教授，"学会圆形以后，可以延伸出来做很多作品，比如零钱包、圆饼包等，当学员发现自己学会了编织多种作品，他们的成就感和积极性都会更强烈"。在王勤的苦心经营下，草编课程成了市民夜校里的"明星课"，每次在网络上报名时，几秒钟名额就被抢光了。许多学员一下班就坐地铁赶来上课，有的甚至要穿越大半个上海，耗费接近三个小时来参加王勤的课程。在学习过程中，更多的年轻人发现了草编的魅力，还有几位学员开始长期跟随王勤学习，成为新一代的草编传承人。

除了教授年轻人技艺，王勤也在年轻人身上学习着各种各样新的想法。去年暑假，王勤到东华大学上了几堂课，一年后，再次和学生们见面的时候，王勤被他们的创造力完全震惊了。可拆卸的磁吸草编胸针、利用黄草原本的肌理加以针织工艺制作的捕梦网、融合扎哈·哈迪德建筑风格设计元素的草编花器……各类极具创意的作品让人眼花缭乱，让王勤忽然觉得相伴了几十年的草编又变得陌生而新奇了。"孩子们真的在动脑筋，他们学到了我的技艺，又把它创新出了更多花样，他们的想法和我们不一样，是属于这个时代的新的表达，是我们光靠自己的经验所无法想象的。"其中，有一位同学制作了可拆卸的收纳盒，在此之前，王勤编织的作品都是一体成型的，即使是3D打印组装红船模型，在完成后也不能移动，从没有想过制作可拆卸的作品。她向这位同学们仔细询问了创作灵感来源和制作流程，了解到他在打印好的模型上编织黄草，再使用磁铁安装于连接处，以此就可以实现作品便捷的组装和拆卸，许多日常用品也能因此变得更加实用和便捷。王勤如多年前和师父学习时一样仔细地记录，回去后又继续尝试，还和工作室里的同伴们分享了这件事。"很多时候，年轻人是我们的老师，"看到这些作品，她也真心地为自己的"落伍"而欣慰，"年轻一代接过传承创新的接力棒，用他们新的眼光和思维去传承和改造它,这门手艺就真正有未来了。"

黄草的生长周期大约四个月,每年清明前后插秧,8月收获。农户们一根根将黄草从地里拔起,待到数量差不多后,再整齐地摆在一起,统一在头部打结,经过去苋、开劈、染色、搓绞等步骤后,黄草还要放置一年,才能作为编织材料使用。也就是说明年用于编织的材料,实际上都是今年收割加工过的黄草。在王勤看来,这正如非遗的传承,只有将接力棒交给今天的年轻人,徐行草编才能在明天焕发出更蓬勃的生命力。

常年编织和揉捻黄草,王勤的手指比一般人要粗糙不少。她却笑称,这只是岁月把黄草的纹理烙进了掌心。三十余年来,上万根黄草从她手中划过,十指翻飞,时代的盛景与尘埃便由此被赋予了物质的形态。以爱与责任为经,以持续学习为纬,她在传承中不断求新,用生长于土地的力量和流淌于徐行人血脉里的文化记忆,编织着最质朴而灿烂的梦。

李昔潞:2000年生,上海大学文学院中国创意写作研究院2022级硕士研究生。

从漕溪北路电信营业厅走出来的专家
——技师吴文巍的故事

郑祖伟

不知何时开始,人们都说"选择比努力更重要",似乎不再相信光凭"努力"便能够成功。可是,吴文巍的人生并没有太多的选择,而努力则让他一步一个脚印,一步一声回响。

校园:没有选择的开端

1996年,21岁的吴文巍趁着月色未落,一大早来到校园里跑步。他大口大口地呼吸,直至大汗淋漓,再回到宿舍休息。这样规律的生活他已经维持了多年了,即便迎来了毕业季,他也未曾改变。因为相较于同龄人正为了工作奔走,将简历投递至各个岗位的忙碌不同,他早早知道了自己的前路。他在企业委托培养的教学班中毕业,等待他的除了忙碌的实习以外,便是一份尘埃落定的工作。吴文巍的规律生活,也因为他并没有太多的选择。

本篇主人公吴文巍,1977年生,高级技师、高级经济师、高级通信业务师、QC诊断师、国家注册培训师、国家人力和社会保障部通信职业技能鉴定高级考评员、国务院特殊津贴专家。1997年参加工作,现任中国电信上海公司首席技师,荣获全国五一劳动奖章、联合国工业发展组织全球科技创新奖、上海市劳动模范、上海市"上海工匠"、长三角三省一市工匠、2023年上海市"百姓学习之星"、上海市技术能手、上海青年高技能领军人才、上海市五一劳动奖章、上海市新长征突击手、全球首届十大世博城市之星等荣誉。

作为经济管理专业毕业生，想象中未来的工作是加入激烈商战，但真正的实习生活与之相差很远，甚至是十分枯燥且令人沮丧的。吴文巍踩着自行车，早早来到了江西中路一幢具有百年历史的电信大楼，跟随分配的师傅开始学习电信基础业务受理。1995年，正值互联网在中国投入正式商用并逐渐走进千家万户，通信行业是那时的前沿行业，课本上的知识往往跟不上设备的更新迭代，书本更不会教他如何排查障碍，从学校到工作的过渡并不一帆风顺。吴文巍看着出了问题的机器一筹莫展，他便会向师傅请教。

"苏师傅，这里机器是出现了什么问题？"年轻的吴文巍认真地询问道。

苏师傅向机器看了看，检查了内部的结构，然后回答道："可能是弹簧的卡口松了，会查吗？"

吴文巍摇了摇头，但是很快便随着师傅投入检查。当时还有一部分的机械交换机是纵横制的，纵横制机器，靠精准的物理运动来连接数以万计的网络节点，一旦卡壳，便需要对内部数以万计的小弹簧、小卡口逐一检查，直至排除阻断问题。起初，他也会觉得这种逐一的排查既耗时也耗力，那种长时间聚精会神，无疑令他的身体和精神双重疲惫。可是苏师傅有时甚至会顾不上吃饭，沉浸在机器中反复地检查，一夜结束了，第二天一大早再接着检查攻关。这带给了吴文巍极大的震撼，似乎有一种奇怪的引力牵引着他，他便也跟着师傅们一起早出晚归。

后来的吴文巍回忆起这段时光，他说："和他们相比，我其实做得真的远远不够。"

师傅们带头攻关，即便满头大汗，也会不厌其烦地给实习生们讲解机器构造，教他们怎么排查阻断。在吴文巍眼中，他们是闪烁着金光的人。而看着苏师傅桌上的胃药，他心中燃起了一个念头：我也要成为这样的人。

就在一颗一颗弹簧的卡壳与振动中,时间也松动了下来,吴文巍的实习不知不觉便结束了。

他步入社会的第一份好运,便是他分配到的工作单位。身边的年轻人还在往返奔走,吴文巍就被顺利分配到了中国信息通信行业的龙头企业——中国电信。吴文巍便来到了漕溪北路915号中国电信大楼,那是彼时一整条路上最高的楼。傍晚时分,电信大楼的外部灯光会渐渐亮起,温柔地照亮了周围的街道。尽管它的身影不如浦东的那些摩天大楼巍峨,但也成为当时徐家汇重要的地标。

从营业员开始的职业生涯

吴文巍来到漕溪北路电信大楼,很快便找到了自己工作的地方。他相信自己必然能够有所作为,可当他满怀着心中无限的憧憬走进大楼,却发现自己并没有如愿来到自己心心念念的技术岗位,而是成为行走于营业厅里的小小的营业员。

统一的工作服,熙熙攘攘的顾客,繁忙的营业厅构成了吴文巍最开始工作的写照。

"你好,我想要办理电话。"

"稍等,请问您需要办理什么类型的呢?是住宅用,还是商用?"

……

这样机械重复的对话充斥在吴文巍最开始的工作当中,久而久之,带来的便是千篇一律的枯燥,人生也仿佛在一日又一日的循环往复中失去了方向。最令吴文巍羡慕的是,与自己一同分配至单位的同学们成为技术岗位的同事,看着他们常能到市场上走一遭,与其他单位的业务人员进行技术交流,而自己还只能在营业厅里面对来来往往的客户。工作的单调带来的便是看不清楚的前路,吴文巍想起了实习时的苏师傅,想到了那几个机器卡壳的晚上与自己的许诺,便如同一颗钉子一般在岗位上扎根下来。

"我当时想的只能是要把自己的本职工作做好。"

或许老天从来不会漠视努力的人。1997年,发生了一件改变他认知的事情。一天,他迎来了一位看起来再正常不过,却足以影响他人生的客户。那是一位两鬓斑白,却看起来很有精气神的老伯。

"您好,需要办理什么业务?"吴文巍如同往常接待客户一样礼貌地询问。

老人从怀中取出了一份凭证,说道:"我因为从松江移居到黄浦,需要重新装电话。"

吴文巍看着老人取出的凭证,可是"黄浦区"并不在他的业务范围之内,于是只好回答道:"老伯,是这样,我们这里是徐汇区的电信办理点,您需要到黄浦区办理。"吴文巍耐心地向老人解释道。彼时的中国电信不同区域并不属于一个电信局管理,并且由于电信网络没有系统地建立起来,交流信息只能通过纸质传递,这也就意味着老人需要从松江区再赶数十公里的脚程。可吴文巍想着,中国电信的理念不就是"用户至上,用心服务",既然客户提出了需求,自己就理应帮他解决,而不是让客户自己往返奔波。

"老伯,您稍等,我去和对方局长这边确认一下,没问题的话我们内部沟通交流,我们尽量帮您解决,您就不用再来回跑松江和黄浦了。"吴文巍迅速在松江和黄浦两个方向联系协调,一周后解决了问题。在吴文巍心中,这也不过是他工作中再正常不过的一次与客户的交集,却想不到产生了更大的回响。

老人在吴文巍的服务下顺利将电话迁至黄浦,吴文巍却意外地得到了上海市领导的高度赞扬。到了这时候,吴文巍才知道,那位老人是正值两岸关系走向缓和时期而从台湾回到大陆的同胞。老人对吴文巍的服务记忆犹新，并向时任上海市市长的徐匡迪写信表示了感谢，在信中，他提到"在这个小伙子的身上，我看到了祖国改革开放以后的新的面貌，也看到了海峡两岸人民是一家人，我感到家的温暖，这就是一家人的感觉"。

吴文巍看着报道，虽依旧忙碌在营业厅的一线，重复着程式化的工作，但体会到电信连接千万家，传递的不仅是信息，更是真情和温暖。他从未想过自己力所能及的一件小事，却为别人带来了极大的帮助，这更加深了吴文巍对优质服务的理解。吴文巍便全身心钻研服务技巧，以用户为中心，带领团队努力提升服务水平，先后推出了一系列通信行业领先的服务品牌和方法："一台清、一单清、手语服务、双语服务、临柜五分钟、电信服务顾问、流动服务车、产品菜单……"

"服务岗位的工作虽然很烦琐，看上去也比较枯燥，但是如果真的做好了，也同样有意义。"同时，吴文巍也逐渐感到，光靠好的态度就想服务好客户是远远不够的，尽管是一线的营业员，也需要对产品有清晰的认知。

"电信的产品，就和饭店一样。用户来到我们这里，是要来点菜的，真正什么东西好吃、合适，他们可能自己也不知道。所以我觉得，想要做好这份工作，仅仅是用户来告诉我，其实是远远不够的，我必须要对技术有钻研，只有这样，我提出来的方案才能精准匹配用户的需求，为用户创造更大的价值。"

于是，吴文巍又为自己设立了新的目标，要钻研电信技术。只有这样，才能让服务工作更上一层楼。

来自服务岗位的技能大赛冠军

天道酬勤，吴文巍在当年的中国电信举办的技能大赛中拿到了第一名。

电信技能大赛，是当时中国电信上海公司为了鼓励和考核员工所开设的面向技术岗位员工的技能比拼。当同事在选手名单上看见了服务岗位的吴文巍的名字时产生了极大的怀疑与不解。

"你真的要去参加这个比赛吗？"身边的同事向吴文巍问道。

"去长长见识嘛。"吴文巍谦逊地回答道，而其实他内心早就做好了充足的准备。

比赛的第一部分是知识竞赛，每位参赛者面前都摆放着一个答题器，屏幕上闪烁着比赛规则，参赛者们小声议论着，身侧的选手们无一不是信心满满。

吴文巍坐在一旁，心中既紧张又兴奋。作为一名营业员，他知道自己面临着来自技术员的激烈竞争。尽管如此，吴文巍回忆起自己过去学习技术的每个夜晚，心中坚定着"我也可以"的信念。

数不胜数的英文故障描述，从 ISDN 到 ADSL，其中涉及的各种英文专业词汇与技术参数早已在吴文巍的脑子里模拟了数十次。他就如同当年在学校里一样，从容不迫。结束答题后，他的思绪飞回了漕溪北路的无数个夜晚——

营业厅空旷的夜晚，皎洁的月色，还有大厅里算不得明亮的光。

"这么晚了，我们先下班了。"身侧的同事向着吴文巍打着招呼道。吴文巍目送着他们的身影消失在大门的远端，踟蹰片刻，有些失神，一整天的倦意在这一刻彻底涌上大脑。

他却仍旧舍不得离去，冲进卫生间狠狠洗了一把脸，随后走到营业厅里的展示设备前操弄起来。

"PSTN……"吴文巍看见网页上的英文缩写挠了挠头，没有犹豫，便习惯性地翻出书籍、打开网站，一点点寻找其对应中文名。

彼时的设备，无论是路由器还是交换机都依靠进口，说明书上的英文根本无法与校园和岗位上的知识建立联系。吴文巍便决定自己查资料，从纸质到电子，自己做汉化。

"Multi-Protocol Label Switching：多协议标签交换，基于电路交换技术的电话通信系统，通常使用模拟信号，由多个交换机和电话线路组成，允许用户通过固定电话进行语音通话。"吴文巍一笔一笔将自己找到的信息——从全称到缩写——都记录在自己准备的小本子上。

"小伙子，走了走了。"不远处传来门卫的喊声，才将吴文巍从信息的海洋中唤醒。

"嗯嗯，不好意思。"吴文巍抱歉地点了点头，将自己的本子攥在手里，这才从大厅中离开。

而这样普通而寻常的夜，吴文巍坚持了一年多。

因此，他很快便在大赛中脱颖而出，最后的实机故障排查对他而言又不过是夜晚操练的重演，他夺得了那一年的第一。

"第一名：上海电信漕溪北路综合营业厅服务岗——吴文巍。"

当比赛结束时，主持人公布获奖人员所在的单位与从事岗位时，瞬间令周遭的技术员工们惊讶不已："你竟然是服务岗位的，我们都没想到过。"

吴文巍只是谦虚地点了点头，说："我只是因为平时闲来没事就会去抄这些英文单词，就会有比较好的表现吧。"然而，其实这一切都有迹可循——漕溪北路上空的月光，见证着一个又一个缄默的夜，笔记本上密密麻麻的墨迹从来不会说谎。

重返校园：以服务兼顾技术

经过几年的磨炼，吴文巍对漕溪北营业厅里的工作已经驾轻就熟，接踵而至的则是需求更为复杂、技术更为综合的企业用户。企业用户们有着更多的信息化需求，服务人员不仅要懂技术，还要懂行业，"这就需要我在专业领域有更多的积累，同时，我还要明白企业所处的行业背景、内部是怎样决策和运营的，他们的现金流、人才流以及物流这些方面是如何循环运转的，我怎样才能给予他们更好的方案支持。"吴文巍决定向更高的目标迈进，他做出了一个决定，要回到高校进修，弥补自己缺失的企业管理运营知识，而下定决心以后，就是艰苦的准备。繁忙的工作之余，公交车上、用餐时间都是吴文巍见缝插针的学习时间，凭着扎实的知识积累，他顺利通过统一考试，开始了在上海交通大学从专升本到硕士研究生的九年边工作边求学的时光。

吴文巍清楚地记得他报道的那天是一个星期六，上海交通大学的徐汇校园被厚厚的白雪覆盖，校园里零零散散的三两人将双手牢牢裹住、穿梭而过。雪景是美，但是严寒却冻得学生们无心欣赏。地上到处都是积雪，徐汇校园的每一处角落都散发着一种冷冽的孤独，每一个身影在这纯白的世界显得单调。吴文巍走了进来，却很是坚定，因为他的心里是无比地滚烫。他走进了成人教育报到处，提交了自己的报名材料。

"我很感激交通大学的培养。"吴文巍说。上海交通大学治学严格，对学业要求很高，吴文巍平衡好工作和学习，每周都需要上四天的晚课，雷打不动。傍晚五点半从公司出发，趁着夕阳的余晖，在外面稍微买点吃的，匆匆应付了晚饭，便急忙踩着自行车，穿过校园的小道，心中思索着晚上的课程。

到达教室时，尚有夕阳的余晖透过窗户洒落在课桌上，吴文巍便坐在前排的座位上，缓缓将课本与笔记拿出来。课堂是知识的海洋，为吴文巍打开了一个广阔的天地，他一边像海绵一样吸收着各类知识，另一边把学到的知识不断和实际工作对照。久而久之，形成了一个独特的学习方法，他在上课的时候准备了两个本子：一本用来抄老师的板书，另一本记录实时的体会、感悟和疑问，课后及时总结。

三人行必有我师，班级的同学来自化工、制造、物流、政府机关等不同行业，他们不仅是吴文巍的同学，也是他的老师。

"我们以轻工纺织业为例，来看一下这个技术应用点。"老师在讲台上缓缓说道。

"您提到的管理在我们的生产线上确实能提高效率，但我们如何克服现有设备的局限性呢？"

"如何将新技术与现有设备进行整合本身就不是一蹴而就，需要逐步引入，从局部开始试验，而非一次性替换。"

"可是……"

……

老师和同学们经常会进行深入探讨，吴文巍专注地记下这些讨论内容。他深切地知道，自己从事电信通信行业，面向的用户来自各个领域，他们所面临的问题都有可能成为自己未来将会面临的难题。所以，一切能带来启发的问题，都是吴文巍学习的对象。

在老师和同学的探讨中，他的笔记本不知不觉已经翻过了不知多少页，直至下课铃声的响起，他才勉强停下了笔，然后马不停蹄地奔向讲台，指着笔记上的不解之处问道："老师，我是从事通信行业的，您刚刚提到这个管理方案，今后有没有可能随着您说的这个技术的迭代，由通信业这边做一个线上的系统去串联，统一管理新机器，这样就可以解决从局部到全局的整合，一旦局部试验成功，就可以快速投入。"

看着吴文巍密密麻麻的笔记，老师瞥了一眼眼前这个年轻人："你的理解很对，这个就是比较理想的情况。"

吴文巍听到此处，手心已经不自觉地攥紧，回到自己座位后，看着黑板上的板书，脑子里尽是未来的电信在不同行业的应用方案。夜色早已降临，他走出教室，骑上自行车，披着月光，方才的课程在脑海中不断地回放。

月光无疑是陪伴吴文巍最久的东西，先是一个三年，紧接着又是两个三年，没有缺课、没有请假，没有落下任何一门课程，终于，经过九年的坚持与努力，吴文巍完成了在交大的全部学业。毕业那天，他望着那片熟悉的校园，心中涌起一种无法言喻的满足感。他的目光扫过曾经学习的教室，心中暗自怀念着那些陪伴他的寒冬和暑夏。他坚信，自己已经能将学校所学与工作所用融会贯通，但学无止境，他走出校园，又将开启新的学习。

高原：五千公里外闪烁的中国"信"号

随着吴文巍从上海交通大学毕业，他也伴随着中国电信一同走过21世纪的最初十年，尤其是经历了世博会的重大考验，他已经成长为一个有全球视野、能够跨越服务与技术的复合型人才，并由通信行业走向智慧农业、生物基因、医疗健康、城市治理等领域。他的生活似乎就要走向一种单向度的成功：他先后荣获全国五一劳动奖章、上海工匠、国务院特殊津贴专家、长三角三省一市工匠联盟工匠、上海青年高技能领军人才等荣誉，也取得了高级经济师、高级通信业务师、QC诊断师等一系列专业资质。在2016年，吴文巍从援藏干部口中听说，由于世界第三极的严苛自然环境，政府投资兴建的供水管网面临冰冻难题。拧开水龙头、出水，简简单单的两个动作，对于高原的人们而言却非常困难。吴文巍忧心忡忡，立即翻阅了相关资料并向身边的藏族朋友确认了情况，"一定要攻克最后一公里冻水问题，把党和政府的温暖送到群众身边"。他积极响应国家号召，很快便背上了行囊，奔赴五千公里外的雪域高原实地勘察。

2016年的5月1日，劳动节，吴文巍利用自己的年假，第一次来到西藏。上海位于平原地带，从上海赶往西藏，最好的方式应该是乘坐火车，或者从东向西，经由重庆、四川再到拉萨。身体需要随着海拔一点点升高，逐渐适应高海拔地区，方才能够减轻高原反应带来的负面影响。可是由于时间有限，吴文巍只好选择了上海经由重庆转机直飞拉萨的路线。重庆飞拉萨，更是只有早上六点半的唯一一班飞机，吴文巍在半夜就从上海起飞，抵达重庆机场后，在候机大厅浅浅睡上几个小时，然后再赶上飞往西藏的早班飞机。

而最快的速度，也就意味着最为强烈的高原反应。还没等他走出机场，在拿行李的时候，吴文巍就感到强烈的不适感，仿佛进入了一个陌生的世界。头顶刺眼的阳光，他却感到一阵晕眩，脑海中一片空白，仿佛被一股无形的力量拉扯着，而稀薄而干燥的空气，更使得每一次呼吸都像是灼烧着肺部，心脏在胸腔里跳动得异常急促。耳边响起了嘈杂的人声，似乎也在这瞬间变得模糊起来，双腿也如同灌了铅，沉重得只能缓慢移动。

可是，吴文巍的时间很紧迫，他的行程早已安排好，根本没有留给身体任何缓冲的时间，他便强忍着不适硬撑着。他取消了自己开车的原定计划，请了一个当地的司机带着他穿过藏区的公路，疾驰几百公里去往日喀则。他从当地的土地、温度、地表状态等多方面开始收集数据，而最重要的便是要从当地群众口中了解到最直接的需求。

第一次前往高原正值五月，尚未到冻土与低温交替的极恶劣天气。但前来解决用水问题的吴文巍不得不将最坏的环境考虑在内，而当地群众听说吴文巍是来解决用水问题时，便摇了摇头，表示不愿再多说什么。

通过和机关人员的交流，吴文巍才知道，像他们这样前来攻关高原用水的团队并不在少数，一批又一批，可是到头来没有一个能真正解决问题的。长此以往，连当地群众都对此不再抱有希望了。

居民们没有再理会吴文巍，只是自顾自背着桶，去集中供水处挑水。或许，与其和一个什么也不懂的技术人员讲这讲那，还不如多去背一桶水。他们早已习惯了这样恶劣的环境与生活了，他们并不怨天尤人，只是尽力适应严苛的自然环境。

吴文巍愣在原地，就这么看着大家被压弯的脊椎。他的内心也暗自立下一个决定：不管这个项目有多么困难，一定要攻克它。

不久，吴文巍便带着实地勘测得到的珍贵数据回到上海，紧接着而来的更为困难的方案拟定。高原的气候、土壤、温度等都比吴文巍想象中要更加严峻，为了拟定初始方案，吴文巍带领团队开始收集其他有着类似问题区域的解决方案，可是当他深入研究后发现：国外是通过高能耗的方式进行能源输送，治标而难治本，而我国一些寒冷地区则是使用了重工业产生的蒸汽解决了低温危机。可是在海拔更高、地形更为复杂、天气更为恶劣且没有重工业的西部高原地区而言，现有方案无法借鉴，这也是以往其他团队多次失败的原因。

于是，吴文巍便开始在模拟高原环境的基础上，进行了反复的实验，直至第一台原型机制作完毕。次年春节，他提前和家人匆匆吃了一顿年夜饭，便又搭上自己的春节假期，马不停蹄地再度赶赴高原。他很明白，如今正值冬日，是高原环境最恶劣的时期，也是考验整体方案、电子元器件和关键零部件的最佳时刻。

当吴文巍再度抵达了海拔5 200米的试验区域，才真正体验到了什么是真正的极端恶劣环境。那是刺骨的寒冷，试管中的水暴露在室外，仅仅十秒钟便会迅速冻结，同时，他带去的原型机不出意料地受到了工作阻断，电子元件在低温状态下失灵了。

机器扛不住的低温，人的肉体凡胎更是扛不住。

零下30摄氏度的夜晚，吴文巍遇到了突如其来的停电，房间里的取暖设备完全失效，四周笼罩在一片阴冷的黑暗中。他感受到的，是一种深入骨髓的寒意，房间里透着令人窒息的寒冷，空气都似乎要被凝结一般，裹上三条厚重的被子也和三块巨大的冰块一样。吴文巍能做到的就是保持脑子的高速运转。

窗外寒风呼啸，树枝摇曳，诉说着这夜的漫长与无奈。冷得睡不着觉，吴文巍蜷缩在床上，脑海中不断回想着实验进展的种种细节，心间弥漫的焦虑与刺骨的空气让他忐忑不已。吴文巍便拿出了自己的移动电脑，为了延长电池使用时间，他把屏幕调到最暗，微弱的蓝光在黑暗中闪烁，他连上手机的热点，打开了相应技术的网站，在"上海学习网"上搜索着与实验仪器相关的课程。屏幕滚动的光，点亮了昏暗的房间，驱散了他内心的寒意。房间里只剩下飞快的键盘敲击声和电脑视频传来的人声，网页上的信息如潮水般涌来，吴文巍的思绪终于一点一点清晰了起来。

突然，他灵光一现："会不会是我们的变压器接错了，或者一些焊点没有做好技术处理？"这个念头如同电流般瞬间点燃了。他迅速爬起身来，冲向了原型机。吴文巍细致地检查每一个焊点，手指轻轻触碰，感受着金属的温度。他回顾着每一个连接，脑海中浮现出十几年前，江西中路里苏师傅带着他一同检查密密麻麻的弹簧卡口一样。夜晚就这么在反反复复的检查中过去了。

两天后，电终于来了，而原型机也顺利通过了第一次测试，他的眼中闪烁着泪光，心中满是对未来的憧憬与期待。最重要的是，藏区的人们也向他投来了期许的目光，"这回我们是真的有救了啊"。吴文巍认识到，自己为此付出的一切努力，都是有意义的。

吴文巍先后五次踏上高原，每一次，他使用的都是原本属于自己的假期时间，来回路费、住宿费都是用自己的积蓄。在上海拟订方案，再去高原进行模拟测试，足足五次的努力才换来了最后一次的大规模交付。

吴文巍紧张地守在控制电脑前，向电脑里发送指令。

所有目标楼的水龙头保持着全开放状态,静静等待着控制后台的指令。

"一栋!"吴文巍输下对应的指令。

一瞬间,随着指令的发送,整栋楼的水龙头如同礼炮轰鸣般,爆发出水流,清澈的水喷涌而出,如盛大的庆典。水花四溅,阳光在水流中折射出耀眼的光芒,整个楼房在欢呼中震动着。

"水来了!水来了!"

吴文巍听到远处的欢呼,心中长舒了一口气:"二栋!"

很快,一旁的楼房也爆发出排山倒海的呼喊。

每当吴文巍输入一栋楼的对应指令,便会迎来一栋楼的欢呼,随着欢呼声的高涨,居民们不约而同地来到楼下跳起了藏族的舞蹈。她们身着色彩斑斓的民族服饰,飘动的裙摆在阳光下闪烁着美丽的光芒。

雪域高原冬季供水是世界难题,几千年来,冬季凿冰融化成水的方法,代代相传。她们没有想到在科技发达的今天,任凭大风呼啸、漫天飞雪,在家中就可以随时随地用上自来水。大家脸上的快乐已经溢于言表。吴文巍站在一旁,看着这一幕,心中百感交集,他兑现了当时自己的承诺。

2002年6月8日,吴文巍加入了中国共产党,这一天在他的生命中划下了极其重要的一笔。他将"为人民服务"与"用户至上,用心服务"的理念牢记在心,如同过去自己的师傅带教自己一般,将中国电信的火炬传给下一代电信人。

2009年,他创立劳模创新工作室,聚集了志同道合的伙伴们一起攻坚技术难题、探讨行业前沿。2011年,他的创新工作室幸运地得到了上海市总工会的第一批授牌。此后,他积极参加市总工会组织的劳模工匠助企行、劳模工匠进校园、中华全国总工会"中工网"在线授课等活动,将学习者们的故事,传播给企业的员工、校园的学生们,自身也完成了从学生、学徒到老师和师傅的转变。

在劳模进校园活动中，他前往的第一站是被誉为"劳模摇篮"的上海第二工业大学。他忐忑地与高校的老师们交流沟通着学生们可能会关注的行业热点，尽可能做好充分的准备。而当他真正踏上讲台，看见台下几百张年轻的面孔时，也会忍不住紧张与动容。

不仅仅是简单地将学习的资源介绍给同学，吴文巍还会根据不同高校的专业与办学特点，邀请感兴趣的同学加入自己的项目组，一同实践攻关技术难题。吴文巍说："不仅仅是将学习的经验传递出去，也是想把我们通信行业的火炬传递给他们。"

无论是来到服务一线岗位，还是意外得到各级各类表彰，再到幸运地进入上海交通大学进修学习，继而顺利地拿到了上海第一批创新工作室授牌……当我们翻开吴文巍的履历逐字阅读时才发现，人生哪有什么运气使然，归根结底，还是一步一个脚印罢了。

郑祖伟：1999年生，上海大学文学院中国创意写作研究院2023级硕士研究生。

每一件美妙的小事
——外卖骑手宋增光的故事

李雅琪

2021年,宋增光穿着一身蓝色外卖骑手装走进人民大会堂接受表彰,衣服厚实的夹层把皮肤和北京四月干燥的风隔绝开来,他一紧张就出汗,一层汗就这样贴在衣服上。这种感觉像极了他穿上这身衣服的第一天。那是2014年的10月,雨后的上海反射出信号灯的青色,连同傍晚刚亮起的路灯也散射着冷光。

马路上的车子渐渐多起来,上海的晚高峰像潮汐,伴随着日落逐渐汹涌起来。一簇簇斑斓的伞群收起钻进地铁,花花绿绿的车子又在雨中映出不协调的色块,从黄昏一直汹涌到夜里。外卖员的工作就像是在这样色彩凌乱的海潮上漂流。晚上八九点钟的时候,外卖的单子渐渐少了,手机的亮光在完全的夜色里显得很耀眼。天往往在一瞬间变暗,只露出一点儿未被雨水冲开的紫色云层,像没干透的水彩画受了潮。

有雨停落在安全头盔的透明面罩上,他在红灯前将那些水珠忙乱擦拭,却擦出一道道水渍横斜的红色光晕。手机的短信提示不疾不徐地弹出声音,还有几单要送,已经八九点钟了。刚刚在最繁忙的时刻捂在骑

本篇主人公宋增光,本科文化,1984年出生。2014年加入"饿了么",现任职蓝骑士培训讲师。2018年获得上海市五一劳动奖章,2020年获评上海市劳动模范,2021年获得全国五一劳动奖章。2022年获评上海市"百姓学习之星"。

手装里的汗不知道什么时候和夜色一起冷却，黏在最里层贴着皮肤的秋衣里。随着冷绿色的信号灯再次亮起，鞋子不小心在电瓶车启动的一瞬间扎进柏油路的水塘里，雨斜着从脸流进领口。旁侧的轿车引擎的声音此起彼伏地响起，后车灯就这样从一个清晰的光源变成远处的光斑，机车道像是一道向后的传送带，宋增光和他的电瓶车就这样被快速行驶的车辆抛在原地。

一

刚来到上海的日子是荒芜的。宋增光起初租住在600块钱一个月的公寓床位，因为没有技术和学历，找工作并不顺利。后来他偶然在网上看到一个外卖平台在招工才顺利找到工作，在那之后他搬进了公司宿舍，早上10点到岗开始送外卖，一直送到晚上9点收工。

10月，已经是上海的深秋了。宋增光回到宿舍时已经接近10点，汗水浸透秋衣，就连毛衣也打湿了，手指却冻得僵硬。这时候手机上传来短信，是妻子发来的，提醒他跑单注意安全，要早点睡，别熬夜。

他和妻子是相亲时认识的，2014年1月1日两人初次见面，3月订婚，4月正式结婚。在他的口中，没有妻子的帮助和支持，就没有他如今的生活。妻子鼓励他去提升学历，读书，增加知识。每每谈及两人相处的点滴，宋增光的脸上总是浮现出幸福的笑容。宋增光在短信上回复过妻子后，一个猛子扎进床上。妻子那边迟迟没有回复，他才意识到已经不早了，妻子习惯早睡，还总是叫他不要熬夜，不然会影响第二天的工作状态。他闭上眼睛，眼里还摇曳着刺眼的手机光和路上一闪而过的霓虹灯广告牌。一天的体力劳动让他疲惫到一秒钟也不想离开枕头，但此刻的眩晕感，他不知道来源于疲惫、困意还是幸福。

上海的天气还在逐渐变冷。要想多赚钱就要多跑单，于是宋增光一再压缩自己休息的时间,除了吃饭和睡觉,他的生活里几乎只剩下工作。日子就在奔波劳作和无梦的睡眠中昼夜奔涌,他从每一个早晨醒来,然后穿梭在各个商圈、餐厅、写字楼和民居之间。从118广场到百联中环,走金沙江路再转到真光路,比直走真光路要快一两分钟;接到环球港订单时,从武宁路转入杨柳青路再转金沙江路,则比走杏山路少一个红绿灯;在突然接到麦当劳订单时,怎么走快速通道,可以正好在途中路过必胜客,拿到原先既定的订单还不耽误时间。从跟着入行早的外卖员熟悉路线,到只需要偶尔问一下路,再到看到小区名称就浮现出依次走过的路牌、街景,年轻的宋增光并没有花太多时间。普陀区新建起一个个商场,而在商场的楼与楼、街道与街道之间,他逐渐游刃有余地穿梭着。当然,也不仅仅是他,越来越多年轻的脸隐匿在鲜艳色彩的头盔中,在送餐高峰期的时候穿梭在商场特殊的通道里,眼罩处在跑动时泛起一层薄薄的雾气。

除了送外卖,有时候晚上9点下了班,宋增光还会帮外卖站点的站长一起核对这一天的账单。在外卖行业刚刚起步的那些年,不少外卖订单都是现金交易,骑手下班后,每个站点由站长负责核对账单,清算站点的入账和外卖骑手跑单的提成。外卖公司要求,站点要对每一笔入账负责,哪怕出现了一分钱差额,都会面临罚款。核对入账是个需要耐心的活儿,宋增光平日里不骄不躁、谦虚好学的态度被站长看在眼里。他不仅工作效率高,面对偶尔的失误也并不气馁:有一次核账的时候站长看到宋增光的一笔订单自己赔了四十多元钱,便问起缘由,宋增光只是说,送餐的时候不小心凉了,于是自己只能赔偿。那时候一单外卖的提成只有三四元钱,订单少的时候,三十多块钱相当于外卖员半天的工资。但宋增光只是苦笑着说:"下次我尽量避免就行了,损失就当交学费了。"

送外卖不是简单地把餐品送到订餐用户手里。骑手拿到一堆餐品时，就要规划出一条线路，先送哪几个写字楼、再送哪几个小区，可以在最短时间内把餐送完。同时还要保持微笑服务，就算是需要爬到顶楼的老小区，在敲开门的一瞬间也要微笑着对订餐用户说"祝您用餐愉快"。碰到没写清楚地址的订餐用户，也要礼貌地询问地址和楼层。刚来上海时这些他都不懂，就只能从日常的工作得失中一点一点去总结，在老资格外卖骑手不忙的时候虚心求教。

宋增光的从容、认真为他赢来职业生涯第一个转机。3个月后，他被提拔为储备站长，学习各种站点管理的知识，5个月的学习和考核之后，他成为正式站长。尽管在回忆这次快速升职时，他总说2015年前后是外卖行业快速发展的时期，这样的晋升速度不算快，公司对管理岗需求本来就大，培养站点站长也是优先从骑手里选拔。

"同时期相比的话算正常速度，但要说快，也是挺快的。"

说"挺快"的时候，宋增光的脸上露出了不好意思的笑容，语气里却流露着自豪。

一单外卖三四块钱，一天最多的时候要跑三四十单，刚工作的时候底薪是3 000元，宋增光来到上海时的工资是四五千元，虽然这些钱不算多，但工资到账的时候，他还是发自内心地开心，为自己能在上海挣到钱，能生活下去而开心。银行卡里的存款在这些川流不息的日子中缓慢而稳定地增长着，尽管日子依然拮据，用钱的地方比起从前一个人的时候要多得多：柴米油盐、一日三餐、衣食住行，老家的房子要还贷，夫妻一直同城异地不是长久之计，此外还要想方设法存下钱来……生活离不开钱。可是在上海，在此刻，日子是增长的。

二

成为站长后，宋增光更加忙碌了。从前跑外卖的时候，只需要负责把订单送到用户手上,在站点忙不过来的时候去帮站点清点账目,虽然身体辛苦,但基本上是多劳多得,且上下班的时间是固定的。可是站长要做的事情却远不止这些,因为外卖行业刚刚起步,平台和站点尚未建立起有效详细的规章制度,所以很多突发事件需要站长去处理。

随着外卖行业的发展,一些商户与骑手之间的矛盾也逐渐显现。譬如在外卖兴起之初,环球港商场允许外卖员进入,但后来随着越来越多骑手在高峰期进入商场,商场为了方便管理,便"一刀切"不允许外卖员进出。宋增光代表骑手去和商场物业人员协调,最后协调的结果是商场专门为外卖员开辟了一个外卖通道,骑手可以从固定的地方进出,这样既不耽误外卖员取餐,又不影响商场物业的管理。

除了负责协调骑手、订餐用户、外卖商家之间的各种琐碎的问题,宋增光的工作还要研究怎样把站点的KPI、营业额提升上去。晚上骑手下班之后,站长还是不能休息,当时每天常规营业结束后,还要进行复盘:站长要统计当天订餐的数据;要分析哪些送餐的路线、方式存在问题,应该如何改善;要统计哪个片区在高峰期缺人手,需要想办法及时增补招人;甚至要教新来的骑手怎样客气地向订餐用户递上一句"祝您用餐愉快"。站长的工资和站点的KPI挂钩,随着站点的发展,宋增光的收入也逐渐增长。但随之而来的困扰是他休息的时间被大幅度压缩。不仅周末的时间被大幅度占用,就连晚上睡觉的时间也被剥夺。原本做骑手的时候工作强度就很大,除去工作和吃饭,他就只剩下睡觉。但自从当上站长,手机里工作的短信提示音会一直从白天响到晚上,有时到了凌晨一两点还要处理工作。

这样的日子和从前在老家、在来上海之前做的工作是很不一样的。宋增光出生在黑龙江省哈尔滨市尚志县下的小村庄,小学时随家人搬到吉林珲春,中学时代又在辽宁沈阳度过。家境尚可,父母对他也没有太大的期许,由此他拥有了一个无忧无虑而丰富的童年,在白山黑水间徜样的经历也养成了宋增光随遇而安的性格。他从技术学校毕业后，先后在老家沈阳帮忙打理家里的小生意，去上海做过学徒，后来又回到沈阳。他回忆起在社会里闯荡的这些年，觉得自己始终都处于一种懵懂的状态。直到他稍大一些后，来到江苏盐城做货车司机运送空调，并帮人上门安装，直到那时他才真正懂得了工作的艰辛、赚钱的不易。他本以为自己会一直这样漫无目的地生活下去，直到一次偶然的相亲让他认识了现在的妻子。妻子学历比他高，又在上海读书、工作，眼界也比那时的他长远，鼓励他来上海寻找机会。为了他和妻子更好的未来，更为了和妻子团聚，他选择来到上海。

机会和钢筋楼宇一同林立在城市的地表。冬天的风从两幢高耸的商厦间穿堂呼啸而过，似乎是在提醒他，要想抓住机遇，就要耐得住此刻的严寒。宋增光也想过放弃，在忘记带伞需要冒雨回家的途中，灯光昏黄到快要失去颜色，只能照亮飘落在灯边的雨丝。当初同一批入职的同事，曾经一起操着天南海北的口音在收工的夜里闲聊，说等攒够钱也要把父母接过来看一回外滩夜景，现在却带着落寞的笑，说等领完工资下个月就要回老家了。他几次开口想劝同事坚持一下，望着宿舍门口收拾好的行李却生出同样离开的心思。

不行就回家吧，或者换个地方生活呢？至少压力别那么大，上海这么冷，物价又那么高，在这里坚持到底有什么意义呢？他这样想着，把一肚子话和迷茫埋进被子里。在某个太阳尚未升起的凌晨，同住的室友行李箱的滚轮声渐渐走远，他不知道该说什么。在给室友发"一路顺风"的短信时，又收到一条需要紧急处理的工作消息，他忽然觉得此刻对他来说迷茫也略显多余。

对背井离乡来讨生活的打工者而言，一个人一天的劳作和辛苦背后往往是一家人的一日三餐，各自都有各自的挣扎。有一天宋增光在给骑手开例行晨会时，发现有位平时爱开玩笑的骑手一直默不作声，明显不在状态。询问后才从那位骑手哽咽的话中得知,他女友罹患绝症,而他对此无能为力。作为站长,宋增光唯一能做的只有让他先放下手里的订单,回去好好陪伴女友。而作为同样来讨生活的打工者,宋增光却不知道如何开口劝解,他和几个同事沉默地拍了拍他的肩膀,似乎这样就能拍走一点被生活挤压带来的酸痛。但其实在场的每一个人都清楚,那是一种无法言说的沉重。

站长的职责所在,需要他及时发现每一位骑手的问题,并与他们沟通。有年轻的骑手高峰期跑完单后就不见踪影,问身边跟他交好的同事才知道他一有空就钻进网吧打游戏。遇到这种情况,宋增光总会不厌其烦耐心劝说:不管做什么工作,都要坚持下去,没办法适应也要想办法适应和克服,你多出一分力,家人就会过得好一些。外卖骑手来自天南海北,没有学历和技术傍身,为了赚钱养家才来做这样辛苦的工作。宋增光的话发自肺腑,骑手们都听得进去。

"好不容易熬到现在,学到了不少门门道道,收入也比以前多了,你难道真的要轻易放弃吗?"

宋增光这话既是说给眼前的年轻骑手,也说给从前、现在、未来的自己。眼前的骑手和刚来上海时的他仿佛有一瞬间重叠了。他刚来时也是这样,人生地不熟、不懂微笑服务、常常犯错,靠着一步一步咬牙坚持才走到现在。

正说话的时候,一个熟悉的声音叫了他一声"宋哥",然后那人麻利地套上防风工服和蓝色头盔,又急匆匆地出门跑单去了。那是一个月前女友患重病的同事。他没来得及问,也不知道怎么开口去问他女友的情况,问他现在心情如何。有太多的事情等着他们去做:手机里的订单提示随着送餐高峰期的到来响个不停;要处理用户的投诉;有骑手发来消息,有几个订单离得太远,送过去恐怕超时,希望换人来送;昨天的工作电话没打通,今年还要接着打……来不及去回顾上一秒的情绪,这一秒就有无数的事情要忙。

个人的坚持赋予了工作真正意义。为了家人再坚持一下吧,宋增光自言自语地说道。尽管生活艰难,但他还是选择相信勤劳能够对抗此时的迷茫,带来安定的生活,相信未来的生活能够因此时的付出有所改变。

三

2015—2018 年期间,宋增光一直作为外卖站点的站长,带领着团队中的骑手始终活跃在服务业的一线。虽然时常遇到挫折和困难,但他们也总会视困难为一种挑战。关关难过关关过,宋增光和他的团队就是凭借着这种不怕困难的冲劲和勇气,才逐渐战胜困难,为处在发展期的行业贡献自己的力量。在这期间他和不少外卖员同事缔结了深厚的友谊,共同进步,收获事业上的成就。随着移动支付、外卖订餐的不断普及,行业也愈发欣欣向荣,外卖骑手们的工资待遇逐渐提升。最令他开心的事情莫过于他终于从公司的宿舍搬出来,和妻子在上海有了自己的小家。他在拥挤的阳台上种下各种植物种子,从花卉市场淘来鲜花。流光就这样沿着翻页的书脚,攀缘到藤蔓架上。他实现了当初来到上海时的愿望,在这里生活下去。

2018 年后,随着公司经营战略的调整,宋增光负责的站点由于体量较小而解散,被并入其他大站点。但这段艰难、痛苦和挑战、共勉并行的日子,是宋增光在这座城市里打拼、学习、成长最好的证明。那些背井离乡来讨生活的年轻人在这里互相熟识、互相帮助,年轻骑手见到宋增光的妻子,也会热情地喊上一句"嫂子"。尽管团队解散,宋增光的妻子回忆起来还是会感叹:"你那时候当站长的时候的那些人,看着是真好。"

妻子是宋增光生活中最亲密、最信任，也是最感谢的人。他刚来上海时，由于没有一技之长，找工作屡屡碰壁，妻子就鼓励他通过自考来提升学历。后来他工作繁忙，总是不能时刻在家，妻子非但没有责怪他，反而让他专心事业。闲暇时，还主动培养两人的共同爱好来增进感情，妻子爱看话剧，宋增光也因此被她带入一个全新的世界。

刚来到上海时，和妻子一同看话剧就是他荒芜的生活里唯一的亮色。那时候他手头并不宽裕，一场好几百元的话剧票是他跑一个星期单的收入，于是他就排几个小时的队去买50元一张的公益票。总是冬夜，妻子握着暖手袋的手伸进他的口袋，他们就这样走进剧场。他最喜爱的话剧是《每一件美妙的小事》，这是一部用讲述的方式表现抑郁症的独幕剧，无数个属于普通人心酸、难过、无助而压抑的时刻随着演员的演绎被置于舞台的聚光灯下，那些被日常的繁重劳动碾压过的情绪此刻全都具像化成了话剧中的台词、配乐、各色灯光和舞台上的布景。而剧中主角写下的"美妙小事清单"也在他心里投射出具象的画面：劳累却有成就感、越做越好的工作，逐渐上涨的薪水，对他逐渐热情的同事，以及妻子在流水一样的日子里始终温情的陪伴。

话剧票票根越攒越多，躺在票根夹里，原本清晰的印刷字到第二年渐渐模糊。日子就像泛黄卷边的铜版纸，即使旧了，在灯光下还能反射细腻的光。站点合并、团队解散，虽然在情感上让他觉得有些落寞，但客观上也让他从忙碌的生活中抽离出来。2018年9月，在妻子的支持和鼓励下，他通过自考本科，进入大学学习工商管理知识。一方面为了提升自己的专业能力，更好应对公司派发的工作，另一方面也弥补了曾经没能进入大学的遗憾。随着不断地学习数据统计、管理的知识，他才意识到从前的工作虽然忙碌，归根到底，其实是因为工作技能和工作知识的欠缺，导致工作效率不佳。在系统学习管理知识后，他总结了不少管理经验，对照着一条条课堂笔记，才认识到自己在带领团队上走过不少弯路，也用过"笨办法"。譬如在一个短期决策完成后，要及时复盘短期决策所带来的反馈，从而为长期决策提供数据和依据；再比如他开始学着用统计和概率学知识统计、分析外卖员发生不同交通事故的概率，从而在培训骑手时为他们提供更有侧重的安全教育。这样一来，他不仅在完成工作后就能更好地陪伴妻子，弥补曾经因为工作太忙无暇顾及家庭和生活的遗憾，也让他在工作上更加游刃有余。

2020年，宋增光担任公司的培训专员一职，负责为一线骑手做入职培训和安全讲解。突如其来的新冠疫情为所有人的生活按下暂停键，宋增光就在家里跟着网课做笔记，将从前做站长时培训骑手的经验总结，和道路交通安全知识结合起来，并且研究保险理赔、报销的流程，开始着手对骑手进行系统的培训。他工作时间长、经验丰富，既有一线工作经验，又在从前的工作中接触过不少骑手的安全事故案例。他知道骑手背后都是一个个对未来生活满怀希望的家庭，过往处理安全事故的过程还历历在目，令人心有戚戚。他从内心深处希望减少事故的发生，因此一直以来把保护骑手的安全和培养骑手安全意识作为培训的重点。从一开始只能通过线上的讲解，到逐渐复工复产后，宋增光走上线下的讲台，不厌其烦地将每一个细微的安全隐患和各类交通状况一一列举：包括重大交通事故的案例，怎样的行为导致事故发生，还会重点去讲事故后个人承受的痛苦作为警醒。在课后，他将从前发生过的安全事故做了详细的统计，这样的数据统计在他担任安全专员前没人做过。而在统计数据出来后，安全事故的发生频率和概率竟都高于他的预计，惊讶和难过之余，他也发誓要通过自己的努力，尽可能减少事故的发生。

严禁闯红灯，严禁逆向行驶，严禁超速，严禁行驶入机动车道，严禁公交站台未减速，严禁手持重物突然急转弯，严禁不戴头盔……几乎所有参加过宋增光培训的外卖骑手都把这些"严禁"铭记在心。而正是通过反复强调这些看似稀松平常的交通规则，在宋增光认真培训三四个月后，新骑手发生交通事故的概率较原先减少了一半，一些原本常见的事故几乎不再发生，新生事故降至低点。宋增光通过这些数据，证明了培训的必要。然而在他看来，这依然不是一个完美的答卷。

"如果可以，我希望这些数据变成零。"他这样说道，神情变得严肃起来，"那些数据不是数字，背后都是活生生、血淋淋的人和事。当你直面那些事故的时候，语言是很无力的。"

培训的路任重道远，宋增光为此报名了公司针对培训师的专门培训，学习表达和演讲。他从最基础的口头表达学起，学做PPT，去分享自己想要表达的题目，学习在众人面前发言。一开始在众人面前讲话，他总是紧张到手心冒汗，为此他没少在台下琢磨口头表达。一遍不行，他就再练第二遍，直到把自己要讲的东西背熟才不会紧张。就是在这样一遍遍的练习下，他的演讲和培训内容才慢慢达到他所想要的效果。他希望自己口头表达再清晰一点，总结得再到位一些。因为不知道事故的隐患埋在哪里，也许就藏在安全手册十分不起眼的一个细则中。对此，宋增光只能不断修改他的培训稿和讲义，只为安全事故能够一降再降。

从上台做培训，到后来开直播分享，再到更大规模的线下分享，宋增光的培训越做越好，也越做越大。他的培训永远是从骑手的角度出发，去告诫新人怎样规避风险，引导骑手耐心与订餐用户沟通，做好服务。内容扎实有用，讲法通俗易懂，骑手自然就能听进去。在保证安全的情况下，他所管理的骑手的送餐服务质量、速度、好评率都有明显的提升。

在宋增光看来，工作的目的是为了更好地生活，学习也是。他常说自己的工作能够让自己逐渐变得自信，能带给家人更好的物质条件。同时他也欣喜于学习带给他更开阔的眼界，更为他学到的知识能学以致用、帮助他人而骄傲。在学习和工作之余，他的生活也变得更加丰富。他和妻子养了一只小猫，休假时自驾去云南旅游，两人有时会在做饭时聊起从前的事情。从前他在写字楼拥挤的电梯间里穿着外卖骑手工装，还总是在意是否有白领投来异样的眼光，而现在他穿着亮眼的蓝色工装上下班，只觉得这身衣服真实用，防风防水效果都好。

四

2021年，宋增光迎来自己职业生涯的高光时刻。他作为行业代表，穿着蓝色工装走进人民大会堂，成为首位获得全国五一劳动奖章的外卖骑手。面对这样的荣誉，他很谦虚地表示，这是国家对外卖行业快速发展的肯定，也是对勤奋的劳动者的肯定。从骑手到站长，再到现在的培训专员，他见证了行业快速发展，同时也是行业快速发展的缩影。

采访到最后，他才不好意思地说："我觉得我也比较优秀，虽然比我优秀的人有不少，但可能综合考虑，公司觉得我工作认真负责，对生活也很有热情……"说这话的时候窗外又下雨了，像他刚当上外卖骑手的那天一样潮湿，又不像那天那么冷。那时候他还不知道上海的梅雨天有多闷热，也不知道一个平凡到尘埃里，甚至暂时有些狼狈的打工者，在多年后会有这样一份荣誉。

怀揣着这份荣誉和骄傲，宋增光不仅在工作中更加积极，还开始投身到志愿服务中。2022年，他参与了疫情防护物资的后勤保障和协调运输工作。此外，公司成立了应急小组，帮助缺物资的地方和人配送紧急物资，他也在工作之余加入了这个组织。上海独居老人多，在力所能及的范围内，他为缺药的老人送药，还帮助社区上门采样做核酸、发放物资。汗水常常被闷在防护服里蒸发不出去，他熟悉那样的感受，又明显感觉心境完全不一样了，他很高兴自己能做点什么。

实在出不去的时候，他和妻子两个人待在家里，聊起疫情结束后去看什么话剧。他说还是想看《每一件美妙的小事》，他很喜欢这部，百看不腻。那些痛苦、失落、折磨藏在美妙小事清单里，不仅藏在话剧主人公爱吃的黄桃罐头里、口琴音乐里、葫芦娃铅笔盒里，也藏在他刚到上海时租住的拥挤床位里，因为床边手机里有妻子发来"晚安"的短信。藏在他加班回到宿舍的深夜里，那个后来不再联系的骑手同事给他留了一盏台灯。美妙小事也刻在第一笔微薄的薪水到账的银行流水里，那笔钱用来买了他和妻子约会时的饮料；甚至存在于他想放弃这份工作的时候，远在老家的父亲在电话里用乡音跟他说，孩子别太累着。无数个属于普通人崩溃的时刻，又重新被丝丝缕缕的温暖重新编织、缝补起来，他虽然忘不了这些痛苦，但也珍惜这些温暖。

2024年，宋增光正好满40岁，回想起20多岁时的迷茫，30多岁时的忙碌，他好像在讲述昨天的事情一样历历在目，却又带有强烈的过去时态。他谈起未来的生活，像翻开一卷崭新的书。他现在的想法是要平衡工作和生活。工作上，他在学习法律知识，因为现在的工作上会遇到一些交通事故纠纷，有时会去法庭，了解赔偿细则条款可以帮助骑手更好地争取权益。但是更多时候，他说他要养成爱读书的习惯，学习摄影，以后旅游的时候多给妻子拍一些好看的照片，学学怎么冲咖啡，让生活再有情调一点。

工作是为了生活，学习也是为了生活。如果说生活是一枚硬币，本身就具有正反两面，那么当下经历的所有失落和不易，都在追逐美好的同时，被镌刻在了硬币精美的印花的背面，上面写着硬币的价值。

李雅琪：2000年生，上海大学文学院中国创意写作研究院2022级硕士研究生。

学而忘忧，不知老之已至
——退休教师沈仙万的故事

陈 颖

上海的夏天很热，81岁的沈仙万起了个大早，搭乘公交车，来到顾村镇文化中心。也许是天气太热，又或是因为随身携带的袋子太沉，沈仙万出了很多汗，蓝白格子的衬衫被印得深一块、浅一块。他在用手帕擦着额头的同时，顺势将随身携带的折扇折好放进帆布袋里。

他的身材高大而不佝偻，头发一毫不乱地梳在两侧，仍拥有着大多数同龄人正逐渐失去的精气神，只是稍稍迟缓且不太稳健的脚步中暴露了岁月的遗痕。沈仙万没有乘电梯，而是习惯性地去找楼梯，等到爬完两层楼梯，到一间会议室里坐下后，才把一直提着的沉甸甸的袋子拿出来——里面是六七本书，或是他个人出版的诗集，或是他参与编撰的顾村民歌民谣，这些书里都有一些关于他近年学习活动与志愿活动的介绍。他将这些材料送给我们并接受采访。

沈仙万出生于宝山区罗店镇富强村，江南的水乡滋养着他的童年；直至少年求学时，他也常常割稻打谷、捕鱼摸虾。由于时代的特殊原因，他从华东师范大学毕业后，便被派往贵州省毕节市黔西县教书二十余年，从

本篇主人公沈仙万，1943年生，上海市宝山区顾村镇共富六居退休教师、学习达人、志愿者教师，曾先后被评为张家港市老园丁阅读之星、宝山区优秀群众宣讲员、上海市学习型家庭示范户、上海市优秀志愿者、上海市百姓学习之星。

事普及农村教育的工作。在这千里僻壤之处，他遍访全县九十多个乡镇，与当地的乡民结下深厚的情谊。之后沈仙万又被调到江苏省张家港市常阴沙农场工作。2003年，沈仙万于常阴沙农场退休后，便回到故乡在顾村镇定居下来。

退休后的生活难免清闲，沈仙万一开始也难以适应，总觉自己有些无所事事，闲暇之时亦不免心中烦闷，便写了首打油诗聊以慰藉："退休万事空，心余力不中，竖根小烟囱（指吸烟），做个麻将公。若是闲得慌，老酒来补充。生活无目标，随波任西东。"这首诗除却沈仙万的自嘲之情和对目下生活的无奈迷茫之外，同时也透露出他的诗情和诗心。抽烟打牌不是心中所想，饮酒坐谈亦非半生所愿，他不愿将自己的技能学习或生命成长停留在退休的年纪，于是又展开了新的思索。

一

在沈仙万上高中时，农村的学生都需要参加劳动生产活动，而日复一日的耕田、打麦劳作比较枯燥无趣。沈仙万通过新闻报纸了解到一些国外俱乐部的知识，意识到可以用一些文化活动去作为日常劳作生活的点缀，于是便在自己所属的生产队里，牵头创办了一个俱乐部，取名"红青俱乐部"。"红"代表着社会主义的颜色，"青"则代表着青年群体。俱乐部名副其实，由一群青年人构成，由于沈仙万在其中的学历最高，于是整个俱乐部便由他来组织领导。他们常常进行一些文艺汇演，沈仙万会利用所学知识，对一些歌曲进行改编，作为俱乐部歌曲，以供传唱。

1958年，全国上下掀起了轰轰烈烈的新民歌运动，这让原本就热爱诗歌的沈仙万很是欣喜。受到时代的号召，当时沈仙万所在的高中有许多同学参与写诗、写民歌的活动。沈仙万受到鼓舞，凭借已有的语文基础，一口气写了一百多首打油诗，内容或是有关农村生产生活逸闻，或是有关国家大事，这样的创作激情也透露出他对诗歌的喜爱和一些天分。然而，他还未来得及在诗歌之路上继续深耕，便应国家号召，前去贵州黔西支教，当了人民教师。

刚去黔西时，他还是一个刚离开上海校园、意气风发的青年，转眼他便身处贫困而落后的贵州山村里，即将成为一名人民教师，这未免让他有些不知如何上手的无措。在教育资源十分缺乏的情况下，沈仙万并没有什么完备的教学体系可以承袭，也没有什么先辈的经验以供参考，于是他只能自己摸索着，从头学起如何当一名老师，如何当好一名老师。

他自忖教学知识不够，便决定从书本学习知识。但当时的黔西县缺少教育类图书，只有省会贵阳市才有书可买。交通闭塞的情况下，他常常利用星期天和寒暑假的时间，搭车去贵阳买书。车子弯弯绕绕，穿过无数山丘，经过无数溪流，车身摇摇晃晃，摇到了贵阳市内。来一次市里不容易，沈仙万与其说去买书，不如说是采购，买完后总是扛着几十本书，再辗转多条山路回到黔西县，回到自己那间昏暗的用圆木和杉木搭建的倾斜木屋里。原本是政治学专业出身的他，购买了大量心理学和教育学相关的书籍，苦心钻研，从中学习各种理论范式和教学方法，依靠自学提升自己的教学经验和技能。沈仙万的房间在二楼，狭窄而不平的楼梯尚且很难攀爬，更别说落地后持续发出咯吱声的木板，更让人身处于房屋塌陷的恐慌中。在这样恶劣的生活环境中，他借着昏暗的灯光，翻着粗糙的书页，耐着性子，把一本又一本书啃完，仔仔细细记好笔记分好类，补充自己空白的教学知识，帮助他完成了在县教研室培训小学教师的任务。他刻苦学习、以身作则的精神带动了一批又一批的年轻教师，让后来者努力向先辈开拓者学习，将更多的教育之种播撒在这片土地上，让这片土地开满了未来之花。

沈仙万在负责普及农村义务教育的工作中，走遍全县90个公社（后撤社建乡）。当时不少学生因为家境贫困，早早辍学，沈仙万看到这样的情况，内心很是惋惜。他并没有仅仅凭借自己在书本中学习到的说辞去劝说学生学习，去空讲道理，而是利用自己的课余或晚间休息的时间，与当地的教育干部、老师一起，到辍学的学生家中家访，了解具体的情况。他常常走在高低不平的山路里，提防着各类蛇虫的袭击，在悬崖和峭壁边缘试探。他常常这样走着，有时披星而来，有时冒雨而至，就这样走进几十位同学的家，走进了他们的心里，帮助辍学的学生复学。他还与当地干部、校长、教师商量，从实际出发，设法解决普及义务教育的问题，有时他会自掏腰包，以助学生复学。在他看来，书本上的知识很是重要，生活的知识更是珍贵，他这一双脚踏遍了黔西的土地，更加明白人生可贵、应当知足的道理。日后，他回想起这段岁月的时候，这么写道："在他乡/走过不少山路/弯弯曲曲的/始终不肯和故乡的河交汇……"

谈及这段经历，沈仙万也表示自己并非生下来就热爱学习，但是作为一名文化和教育工作者，必须具备相应的能力，才能担任相应的职务，这样的责任心促使他充分发挥自我学习精神，利用书本的知识和生活的实践，不断实现自我进步，不断找到自我价值的体现。

二

教书的岁月数十年如一日，很快就到了退休的年纪。在退休的日子里，沈仙万逐渐意识到自己对于诗歌的喜爱从未放下。直至2007年，顾村镇党委、镇政府提出文化立镇的理念，依托古代留存的诗歌历史底蕴，开展诗乡顾村创建活动，顾村镇先后获得上海"诗歌之乡"的称号和中国民间文化艺术之乡（诗歌类）称号。沈仙万闻之心喜，决心要投身到顾村诗歌的文化建设之中,发挥余热。

沈仙万加入了顾村镇最早的民间诗歌团体"泰和诗苑",后又加入了顾村镇诗歌协会和顾村诗社,成为顾村诗社的副社长。六十多岁的他并不会手机的复杂操作,只能寻求他人的帮助;外出时他也习惯带上钱包,里面装一些纸币,而不会电子支付,他几十年的生活习惯并没有和这个科技高速发展的时代完全接轨。为了将诗社的文化志愿活动做到更好,他在儿子的帮助下,开始学习电脑打字,本就已经年迈的他视力已经衰退,身体的灵敏度和灵活性也不比年轻时,学习电脑是一件十分吃力的事情。

一开始,他让儿子将电脑键盘上的字母教他一一认全,随后开始试着将字母组成拼音。他无法像刚学电脑的人那样,用标准的姿势左右手同时打字,他只能用食指,一个字母一个字母地敲上去。后来,为了防止忘记,他让儿子将一些键盘按键的功能书写在纸上,以便能随时复习。再后来,沈仙万参加了东方信息苑的电脑培训课程,每天都会练习电脑打字,一打就是几个小时。经过大半年的学习,他逐渐学会了电脑文字的打印编排,还学会收发电子邮件、上网查阅资料、下载相关图文等。尽管他还是用一根手指敲击键盘,但是打字速度得到了明显提升。掌握了电脑的使用技能后,他便主要负责诗社的群众诗刊征收、校对、打印和编排等工作。他常常细心地将来稿收好,然后进行校对和简单的诗句修改工作,将这些诗歌都编选入顾村镇创办的一些诗刊诗选中,并独立完成《共富诗廊》的编辑出刊任务。迄今为止,该诗刊已经连续出刊38期,发表居民诗歌2 800多篇,他还独立完成了五届共富杯民歌赛的征稿、打印、编辑作品集的工作。顾村新民歌作品集、村歌歌曲集等的编印,都离不开沈仙万在背后的默默付出。

但是,如果自己的诗歌鉴赏水平有限,是无法在拿到来稿时帮助别人很好地进行校对乃至修改的。而拥有良好的鉴赏能力的前提便是明白诗歌到底为何，诗歌到底应该如何创作。认识到这一点后，沈仙万便决心提高自己的诗歌鉴赏水平和创作水平。

当时顾村文化中心举办了多期诗歌讲习班，邀请一些诗歌创作者、诗歌评论家前来开讲座，沈仙万每节课都早早到场，一节不落，认真听讲。随着课程的进展，他将自己所学到的内容结合自己的个人经历，创作了新的诗歌，并在课后和老师们积极交流，将自己的习作交给老师点评、指正。只要是听说有诗歌培训活动，他都会去参加，有时他来回乘坐几个小时的地铁，只为了去听一场讲座。

沈仙万在刚加入顾村诗社时写的第一首诗是《笔耕乐》："诗乡顾村风景美，用心挖掘都是金。林间凭听鸟语音，诗意如泉溢于心。河畔漫看杨柳舞，字斟句酌细诵吟。笔如锄镰勤耕耘，任我老汉吐真情"。这首诗通俗易懂，不过诗歌的意境和审美则有所欠缺。听了一系列的课程、得到许多专家的指导后，沈仙万的诗歌创作水平得到极大提升。他对于文字的感受能力更加敏锐，文字的表达能力有所提高，他意识到写诗需要调动多种感官，同时这些感官也可以相互融通，这在他的诗歌《想念蓝色的家乡》中有所体现："蓝色在梦里睡着/我却在梦的外面徘徊/蓝色是我家乡的主色调……/思念落在一座山里/始终飞不出去……"这首诗同时也荣获2017年上海市民诗歌节一等奖。

除却风雨无阻地听讲座、请教专家以外，沈仙万亦充分发挥自主能动性，购买了大量的唐诗、宋词类图书在家中研读，从中国古典诗词中汲取养分；同时他还在报纸、期刊中查找大量的诗歌评论文章，买来有关诗歌写作的理论书籍，从批评、创作角度去学会如何鉴赏、分析一首诗歌，从而提高自己的审美鉴赏能力。此后，沈仙万更加积极地投入到诗歌创作的活动中，他的写诗热情与日俱增，写诗水平逐渐提高，成为顾村诗歌协会、顾村诗社的积极分子。他创作的作品当中，有三百多首诗歌入选正式出版的诗歌合集中；并多次在上海市文学艺术界联合会、上海市作家协会等单位举办的各类诗歌征集比赛中斩获佳绩。此外，他还出版了个人诗集《一棵树的守望》，和妻子联名出版了诗集《荻泾短笛》等。

随着时间的推移，沈仙万学习写诗、鉴诗不再像最初那样，是出于个人的需要了，他看到了诗歌更多的用途。他会将自己学到的知识加以凝炼，在假期教一些喜爱诗歌的学生写诗，让他们在诗歌之路上走得更远；在每一次的诗歌交流活动中，他都将收集好的诗歌自印成册，或将自己学习的成果总结其中，便于同行间交流。同时，学会写诗后的他，也看到了诗歌的社会效益，他曾先后三次提倡并主持了为"感动顾村人物"共30人配诗，为顾村优秀志愿者共12人配诗，为贵州黔西先进残疾人共56人配诗。他在诗歌中歌颂他们的优秀品质，并借助诗歌这一载体表达这些人的不易和伟大之处，让更多的人得以关注到身边的一些看似平凡实则不凡的人。他记得有一位来上海打工的安徽人，住在狭小而潮湿的出租屋里，每日为了生计奔波，却始终坚持写诗，热爱诗歌。他闻之十分感动，便号召身边更多的诗友去购买那位打工人出售的抹布，以买代帮的形式帮助他人改善生活。同时他也联袂诗社的四名诗友，于2019—2023年自筹资金，对一位贫困大学生进行连续四年、每月１０００元的资助善举……这些善行良举使得沈仙万在学习诗歌的路上愈走愈远。

三

除却诗社的一些活动以外，沈仙万还是宝山区非物质文化遗产顾村民歌民谣的传承人，积极参与民歌的收集、整理乃至新民歌的创作。沈仙万一直感念全国的新民歌运动，认为那场运动给自己带来的影响延续至今。他在诗歌的学习中也慢慢悟到：歌是诗另一种表达形式，民歌更是人民的一种文化阐释，能够更直接地表达出人民群众的思想情志，因而对民歌进行保护、传承和发展是十分有意义的。于是，他又以极大的热情投入到民歌的志愿活动中。

2020年2月2日，顾村民歌民谣社成立，沈仙万与广大诗歌爱好者积极参与到民歌民谣的创承、创作和研讨活动中。在他的倡导和参与下，诗友们为顾村镇20个建制村创作了村歌歌词，创作了《诗乡顾村之歌（新民歌民谣）组歌》歌词22首，请作曲家段福培、朱德平、周坤等人谱曲，为城市化进程中的顾村镇留下了乡愁。有些传下来的民歌原本就有歌词和曲谱，就记谱和打印出纸质歌曲稿。有些民歌歌词已经模糊，只记得一些残章断句，对于这样的情况，就对原有歌词进行续写，再交由段福培等人编曲。一切工作完毕后，沈仙万等人编印了《菊泉新民歌集》《顾村镇村歌歌曲集》等集子以供传阅。

除了组织诗歌文化志愿者对民歌进行传承以外，沈仙万还积极倡导举办"共富杯"民歌赛，在比赛中举办颁奖朗诵会、出民歌赛专集，并主动承担大部分的征文工作，号召人们在上海市民诗歌节顾村专场上对村歌、民歌进行演唱或朗诵。

为了能够成功地举办好比赛活动，沈仙万又积极参加了华东师范大学举办的"宝山优秀学习团队带头人培训班"的学习。在整整180个学时中，他一个课时也没落下，每节课都认真记笔记，做到学习和复习并行。课程结束后，他了解了终身学习的理论观，学会了一些现代化的团队学习、管理方法。他将这些方法运用到实际的比赛活动中，受到人们的热烈反响。这些活动也得到顾村镇文化中心和社区的全力支持，并被宝山报和宝山电视台播报，进而提高了村歌的知名度和民众传唱度，使得民歌、村歌被较好地传承下来。

学习的过程也让沈仙万意识到，民歌的传承不仅仅是继承传统那么简单，更需要结合时代进行创新。他撰写了《宝山区"非遗"保护项目"顾村民歌民谣"在社区的传承实践》一文。在该篇论文中，他不仅对民歌民谣的形成时间早、篇幅短、影响大等特点进行概括，对民歌（特别是顾村镇民歌）的历史发展进行梳理，并指出民歌的传承需要人民群众的参与和自身的创新。除了在理论上进行阐释和总结，他也积极进行民歌创作。写诗的过程让他知道意象、思想、语言提炼的重要性；而写民歌的过程还需要讲究合辙、押韵，符合音律之道。他常常和几位会编曲的朋友交流，向他们请教音律知识，并用在自己的创作中；加之他常常诵读唐诗宋词等中国传统诗词文学，便尝试以七律旧体诗的框架为基础，吸收七字句民歌的写作手法，将各村的自然风景、标志性建筑等写下来。同时，他和一些朋友通过家人的帮助、课程的学习，学会了一些基本的剪辑技术。他们常常组织外出拍摄一些民歌、村歌中写到的风景，或是树木河流，或是亭台阁苑，并将这些风景照结合起来，剪辑成一条条短视频，配以他们创作的词曲，在各大社交平台进行推广，大大丰富了民歌的传播形式。同时，沈仙万在三年多的民歌创作经验中，总结出了"民歌创作三三法"，力求推动顾村新韵民歌创作基本格式的丰富与创新，特别注重民歌的通俗、流畅、押韵，强调民歌浓厚的生活气息、乡土气息、时代气息。

除此以外，他还积极和其他民歌志愿者开展对外交流活动。他年轻时在贵州黔西支教时，便对黔西当地的民歌创作形式和传承方式产生了兴趣，近几年，他回到黔西故地重游时，为黔西创作了8首山歌，其中一首《柳岸水乡之歌》成为黔西洪水镇校园文化节的必唱歌曲。这样的友好交流也促使黔西市委宣传部发函，邀请顾村民歌民谣传承办参加当地举办的第五届中国民歌合唱节，使得顾村民歌民谣得以走出上海、走向全国，迎来更多的发展机遇。

四

除却日常的诗歌写作、诗稿收发、民歌传承创新等工作外，沈仙万还主动参加了顾村镇群众宣讲团的宣讲活动。作为一名宣讲员，他需要担任一些宣讲稿的起草、宣讲任务。在宣讲团找到沈仙万时，毫无宣讲经验的沈仙万自觉任务重大。已习惯性自学的他，找来了相关材料，学习写作方法。为此他常常熬到午夜，妻子时常来催促他入睡，他也不予理会。在这几个小时中，他聚精会神，忘却时间，并时不时地将资料中的要点抄写下来以作备用，常常一边写，一边改，改完再工整地抄录下来。即使是初稿，他也如此认真对待，更不必说后面三四次的易稿，他更是不厌其烦，从字句的推敲，到对一些复杂理论的简单化阐释，再加一些具体的例子，让大家更有代入感。沈仙万说，宣讲员最根本的素质是与以习近平同志为核心的党中央保持高度一致，理直气壮地宣传中国共产党、宣传习近平新时代中国特色社会主义思想、宣传以人民为中心的理念。

然而，学习不仅仅只依赖书本上的理论知识，沈仙万更意识到结合实践的重要性。他博览群书的同时亦关注时事，将身边的人和事与理论结合，使得理论能够更好地为群众所理解和接受。有一次在起草城市化的宣讲稿时，沈仙万不仅仅面向国内的情形，更是把目光放眼国际。他利用网络，了解了巴西半城市化的进程和教训，将此作为事例放入到演讲稿中，让听众能够更好地理解国家的政策号召和实践推进。他坦言，自己在宣讲过程中，是先做学生，后做先生，自己先放低姿态，将自己视为毫无经验的学生，通过查阅资料、阅读经典的学习过程，提高自己的宣讲能力。在宣讲的过程中，他的肢体语言同样丰富，常常能够结合邻里间的新鲜事，将其与社区的一些政策结合阐释，晓之以理、动之以情。有时，他也会在宣讲稿中"夹带私货"，为宣讲活动写一首诗进行朗读，让听众们耳目一新。现场群众的反应也能很好地给予沈仙万反馈，让他能够更好地掌握宣讲的整体节奏，不断提高自己的宣讲水平。

此外，沈仙万还在学有余力之时，参加共富书友会。书友会已经坚持举办了16年，每个月都会安排两个半天的时间，让书友们进行读书交流活动。沈仙万作为书友会中的积极参与者，对中国近代的历史、思想史进行系统深入的学习，并多次在书友会上发言，与书友们共享自己的读书心得和体会，为自己的宣讲打好理论基础。

在谈及自己退休后的学习生活时，沈仙万十分真诚地表示，自己并非生下来便热爱学习、善于学习，只是自己身处一些岗位，必须学习相应的技能、提高自己的能力才能够与职业相匹配，不至于贻误他人。而在这过程中养成的学习习惯和学习方法则伴随着他的一生，使他一直受益。

这样的说辞或许与沈仙万谦虚的品格有关，更为明显的表现则是沈仙万在提到自己目前已有的学习成果时，总是透露出遗憾之情和亏欠之感。沈仙万自小便想着能够成为一名诗人，然而由于时代的原因，他阴差阳错地成为人民教师。这么多年来，他总认为自己能力有限，贡献有限，并不能称得上有什么成就，在晚年时，能够在重拾自己热爱的诗歌的同时，还可以帮助他人获得更好的生活，于他而言实在是莫大的乐事，让他不觉老已至矣。同时他总觉得自己做得还不够好，还可以更好。他会为自己不能拥有一口流利的普通话而惭愧，他自觉宣讲员需要吐字清晰，那样才能让听者更为轻松，然而他的口音已经难以纠正；他还想再分一部分精力出来，去书写黔西贫困的人民，给他们更多的帮助，但奈何自己能力有限，年岁已大。

谈及这些，他又拿起随身携带的淡黄色折扇，这把扇子是沈仙万当年瞻仰周恩来故居时买的，扇子的正面是毛主席的画像，反面则是中华人民共和国十大元帅的画像。沈仙万并没有多说什么，只用"老一辈人是那么教育我们的，要善良、负责……"一句话淡淡地概括。或许是革命先辈的奉献精神，或许是沈仙万父母亲长的言传身教，让他的善良、责任、热爱促使着他在八十岁高龄仍然保持着学习的热情，这份热情成为他持续学习下去的动力，让他一扫刚开始退休时的迷茫、空虚之感，常常保有对生活的探索、对知识的渴望、对大众服务的激情，甚至经常忘却自己年事已高的事实，时不时还熬夜读书。

他常认为自己生于农村，归于土地，这一生皆与农村、农业、农民结缘，因而也将自己的微信名取名为"沈仙万（老农）"。沈仙万终身学习的姿态让人钦佩，内心如此朴素的情感更是真诚而宝贵。

陈颖：1999年生，上海大学文学院中国创意写作研究院2022级博士研究生。

敲打声中的修行
—— 奉城木雕传承人徐华兵的故事

黄思文

乡间道路一眼望不到头，绿油油的稻田随风而荡。借助导航，我终于找到了洪西村。村内小洋房和小别墅一栋接着一栋，有些房屋用精致铁栏围着，内部盆栽绿植遍布，宛若一座缩小版的庄园。举目四望，一个瘦小的人影，立在不远处唯一的那座两层砖瓦楼前，正向我挥动着手臂。

徐华兵拉着我进屋的手硬邦邦的，像块原质的木头。放眼望去，屋内一片灰白，一楼的大厅和厅后的厂房都是灰蒙蒙的，除了一张木桌、横七竖八堆叠着的木料和未完成的木雕，整个房子里只剩下灰白的水泥墙。木桌上有一处桌槽，桌槽内一根根刻刀直溜溜列作一排。刀柄油亮，末端经过无数次敲打后留下的喷泉一般的分叉。而且，它们都被刻上了"兵"字。

要成为一个木雕师吗？

2015年，奉贤区曾在政府官网上发布过一篇宣传市级非遗项目

本篇主人公徐华兵，1964年生，上海奉贤人，1979年初中毕业于奉城集成中学，1980年进奉城木器雕刻厂学习木雕，2012年被命名为上海市非物质文化遗产项目奉城木雕的传承人。长期从事木雕技艺的传授和推广，2018年被聘为上海电子信息技术学院外聘教师。2021年获评上海市"百姓学习之星"。

"奉城木雕"的文章，稿件不长，只有几百字，读起来却颇令人心酸。文章详述奉城木雕的发展历史、制作工艺和风格特点，末尾处则用寥寥数笔简述奉城木雕这项技艺正面临后继乏人、即将失传的困境。在列举的现存艺人中，健在的老人、继承父业的后人和仍在开办木雕厂的工匠数量仅有六人。

九年以后，当我直愣愣地站在仅存的木雕厂前，厂房里没有工人忙碌的身影，只有嗡嗡的机器打磨声几乎要将我淹没。徐华兵从偏房拎出两张木凳，说："最近的订单有点多。我的师弟今天没有来帮忙，所有的活必须我一个人完成。"

回想起20世纪七八十年代奉城木雕的繁荣岁月，徐华兵唏嘘不已："当时我的兄弟姐妹都跟着父辈学习木雕。整个家族最鼎盛的时候，有十余人都专门从事木雕行业。现在整个奉城镇，只有我还在依靠奉城木雕维系生活，师弟现在偶尔会过来帮忙，但次数也越来越少了，其他的老艺人去世的去世，隐退的隐退……"

徐华兵的祖父身为作坊老手艺人，主要制作浮雕。父亲则在16岁的时候经做生意的亲戚介绍，去城隍庙的老步行街上向老师傅学习手艺，精进浮雕的同时，学习了圆雕和镂空雕的技术。徐华兵的父亲领悟能力强，心思静、手活灵，经几十年的磨炼，达到了技艺精湛、手法圆熟的境界，其制作的雕像形象生动、比例匀称、线条流畅，70年代便在奉城周边声名远扬。

在粮食靠分配的年代，父亲为了获取城市户口，大多时候都在市区的雕刻厂上班，很少着家，家中的粮食主要靠其他长辈辛苦赚工分换取。徐华兵和兄弟姐妹小时候见到父亲，基本上也都是在忙着雕刻佛像。记忆中的父亲总是表情严肃，话不多，偶尔把孩子们叫到身边，也是语重心长地告诫他们以后定要铭记祖辈传下来的雕像的尺寸比例，不能埋没了家宝。小小年纪的徐华兵却哪里能够认识到这些数字的重要性，他只希望父亲能多回家，少做一些雕刻，多陪伴自己。

有时候，徐华兵会思考学习木雕到底有什么用，父亲既没靠手艺赚取工分养家糊口，也没能在市里挣到大钱出人头地，一年忙到头不见几次人影。自己以后也会像父亲一样，成为一个木雕师么？想到这里，徐华兵总是会狠命甩脑袋。

翻烂的小人书与敲烂的刀把头

尽管儿时的徐华兵对木器雕刻并不十分感兴趣，但在父亲的耳濡目染下，他还是学会了最基本的木工。徐华兵制作了好几支木枪，发放给村小组里同龄的小孩，小伙伴们经常模拟打仗玩。"那个时代玩具比较匮乏，一般都是看到小人书上画的图案，觉得好看就描图画下来做。"徐华兵喜欢看《三国演义》，受《三国演义》的启蒙很多，许多三国人物的形象都是模仿小人书上绘就的。对于儿时的徐华兵而言，家里的兄弟姐妹在学习绘画图案的过程中互相较劲，激发起学习木雕的兴趣，可以做一些实用的东西，"就像在现在的学校里，很多女生学习木雕以后会用红木自己做簪子"。

20世纪80年代，高中毕业的学生基本都能分配到工作，身为老师的表哥表姐考虑到徐华兵身形瘦小，不适合体力劳动，都劝他应该继续努力读书。徐华兵高中成绩在班级里名列前茅，数学尤其突出，经常考年级第一。但徐华兵看到改革开放后奉城地区很多地方都在造楼房，国家一片欣欣向荣，社会面需要大量的手艺人，而家中仍在为粮食分配的问题发愁。年近半百的父亲因为在市里迟迟拿不到城市户口，不得不回到奉城公社下的社管企业，进入奉城木器雕刻厂工作。为了多挣些工分，减轻家里的经济负担，1980年，徐华兵决定辍学，随父亲进厂做学徒工。

不同于普通木工、泥瓦工等劳动型技艺，学习木雕需要极为平和的心境，专注于技艺的提炼和审美的打磨。在学徒期间，打胚和中心花板雕刻等复杂工序都由老师傅完成，新人则主要负责基础的凿除角料和修光剖面工作。简单的工序虽然不易出错，但长期反复的练习却最考验耐心和定力。很多学徒在基本功的锤炼中丧失了学习的动力，因此失去了精进技术的可能。

徐华兵在学习初期也遇到了各种瓶颈问题，甚至一度因为枯燥单调的练习而心生悔意，相比于课本知识运用上的得心应手，敲打刀具时总是笨手笨脚，记不住动作要领。"木雕学习就是'师傅领进门，修行在个人'，以自己学和自己做为主，只有不断地练习和反思，才能掌握诀窍。"但是学习必须要耐得住寂寞，学习更多时候是一个人的事情。除了自己和心中的偶像，还有谁能带给自己坚持学习的勇气呢？

徐华兵崇拜常山赵子龙。他觉得赵云既是大智大勇的人物，又是万里挑一的常胜将军。由于雕刻厂离家较远，下班后又没有公交车，徐华兵就住在工厂的厂房里。他每天晚上根据小人书上的画像，反复练习雕刻赵子龙的白马银枪。在废掉了一块又一块的木板后，小人书的封面几乎也快被翻烂了，徐华兵依然对自己的作品不满意。在他即将放弃的时候，父亲做了一件特别的事情。

学习木雕的基础就是掌握好各类刀具的使用技巧，制作木雕涉及的刀具种类繁多，一套常用刀具就有八十余把，细分为打胚刀、修光刀和剖面刀。父亲第一次搬出祖辈传承下来的打胚刀时，徐华兵心中讶异万分。那是几把比他祖父的岁数还要大的打胚刀，刀把头在长期的敲打中已经被敲烂了。"木雕的学习就是一锤又一锤的敲打，敲打次数越多，下的功夫越深，刀把头锤得越烂，技艺就越精炼，想要有进步就必须学会坚持。"父亲把自己为学几十年的经验传授给了徐华兵，连同送给儿子的还有一柄厚重的东南亚硬木做的木槌。老打胚刀虽然已经不用，但自那之后徐华兵时常会打开陈旧的木盒，感受其中岁月的痕迹，收获一种精神力量的浸润。

从竹锯到木锯

灰白的墙面其实不只是灰白的墙面，仔细看会发现两张"弓"和一个"圈"。"竹弓"和"木弓"的弦是一根铁线，线上布满突起的刺钉，铁线圈则微有斑驳的锈迹。一问一答之间，两张"弓"勾起了徐华兵的回忆。竹弓是徐华兵祖辈传下来的线锯，由毛竹制作而成，竹制线锯两端跨度大，且竹片宽，使用起来并不趁手。由于竹子有较强的弹性，用线锯凿制镂空雕的过程中，一旦铁线磨损过度，发生断裂会有弹到身上造成误伤的危险。匠人们使用竹制线锯时常要提心吊胆，这一煎熬便是四五十年。

徐华兵制作镂空雕被绷断的铁线吓到了好几次，虽然竹弓没有实打实地打到身上，但他还是习惯性地进行了反思，一有空便琢磨怎样才能解决竹锯的安全隐患问题。80年代，奉城木器雕刻厂聘请东阳木雕师傅前来交流学习，徐华兵偶然发现他们制作镂空雕使用的线锯是木制的，盘曲的木棍不仅持握起来十分顺手，定型的锯弓也不会有伤人的隐患。

然而每当徐华兵问及木锯制作一事，聘请的东阳师傅要么说自己并不通晓制作的方法，要么就支支吾吾、插科打诨过去。一连请教询问了好几次，徐华兵都没有得到自己想要听到的答案，他决定结合长辈的经验和软磨硬泡下得到的只言片语，在自家院内研制"木弓"。

起初，徐华兵用柳树的枝杈制作，鞣制了没多久，木棍就发生不同程度的断裂。徐华兵越是心急，断裂的速度就越快，他仿佛又尝到刚开始学习使用刀具时那种一无所成的挫败感。他尝试着放慢速度，拉长鞣制的周期，并坚信耐心的等待一定可以成功。三个月后柳枝依然坚韧，并形成了可观又可爱的弧形，徐华兵似乎看到了胜利的曙光，再等三个月，他就能掌握"木锯"的制作了。正当他继续向柳枝施压时，他再次听到了最不想听到的撕裂声，突出的切口尖锐扎心，他终究还是失败了。看着断裂的柳枝，徐华兵的眼前浮现起亲友抱怨竹锯的身影。他必须另辟蹊径了，他不得不承认柳枝的韧性还不够。

可是，如果连以柔韧性著称的柳枝都没法作为木锯的材料的话，还有什么树能用得上呢？徐华兵走在小树林里，用手摩挲一棵又一棵树，抬头仰望郁郁葱葱的树冠，徐华兵多么希望有人给自己一个答案。

思考不出结果，徐华兵略感颓丧，转身之际，一根小树干猛然将他绊倒。徐华兵从生气，到惊讶，再到喜悦。眼前一根笔直的小木棍在猛烈的撞击下，竟然只是微微弯曲。他如获至宝，随即改用小树的树干作为材料，细心盘制了一年，终于获得成功。

"木棍的盘制同样是慢工出细活，浑圆笔直的树枝砍下来后要不停地盘曲，直到完全定型，至少需要一年的时间。这把木锯我已经用了三十多年了，铁线上的刺钉也一直都是靠手打出来的。"木锯两端的树皮经多年的使用已经磨光，裸露出树枝内部的白芯，长期的抓握使得表面形成了包浆。徐华兵摩挲着弓把，像是轻抚陪伴多年的战友。尽管现代的工厂早已可以批量生产出铁锯，但是在实用效能没有提升的前提下，徐华兵仍旧选择使用木锯，沿用木锯成为他自我砥砺，不断向优秀工艺学习、做好传承工作的动力源泉。

被劈成两半的神像

木雕的学习有先后之分，一般是学好浮雕之后再学圆雕，前者按照图纸拓印到木板上的图案进行雕刻，后者则完全依赖脑海中的构图，进行立体的雕刻。雕刻技术的高低全凭对结构的判断力，核心要领在于用好中线定位。

手中拿着观音雕像半成品的徐华兵演示道："圆雕是从三百六十度进行观摩的，每个角度都要掌握好尺寸，祖传下来的比例至关重要，这是前贤积累下来的宝贵经验。"站着的佛像和神像，大多按照六头身或七头身来制作，如果是坐着的，就按五头身。身体的各个部分也都有讲究，头的宽度和进深都要依照准确的尺寸和比例，帽子和衣服同样如此。"不论是制作小的木雕，还是制作大的雕像，把控好尺寸都是极为重要的工作。"而看似简单的数据，转化为实际操作往往要花费数年甚至数十年的实践领悟。

徐华兵主要接的是寺庙修复的业务，为上海众多寺庙的设施和摆件做了大量的修缮工作。寺庙里涉及的雕刻很多，最为重要的就是殿内摆放着的各种雕像，其他的设施包括供桌、供台、佛龛等。"雕刻神佛雕像前需要先进行长期的观摩学习，各种神佛虽然是千人一面，但是在造型上还是有不同的，姿势服饰都要参考史料，那时候我经常去雕像保存较好的玉佛寺记录学习。"雕刻大型雕像的难点在于头部开脸，不仅要把握好比例和尺寸，还应当自然而富有神韵。

初学圆雕开脸，徐华兵做废了好几个模子。"雕像毕竟是要放在寺庙里留给一代代人看下去的，开脸这个过程没有做好，看起来就不生动。有时候会请老爸帮忙修一下，修不过来的就只能重做。"开脸完全靠人的悟性，和绘画中的三庭五眼有相似之处，区别在于绘画是加法，雕刻是减法，绘画出错可以再改，雕刻如果木料凿多了，即使补上去也能一眼看出来。"所以说'千刀万凿刻出来，一处不慎付东流'，圆雕对空间构图能力要求较高，不是每个人都能学好，很多师傅学了十几年还是没有做好。"

木雕师傅长期进行雕刻工作，手指基本都会产生不同程度的变形，为了能够使手指紧贴在刀具上发力,手指的关节均产生负角度的倾斜,呈现出V形。木雕归根结底还是一项体力活,对眼力和指力有较高的要求,因此有身体的局限性。老师傅年纪稍长后往往很难保证高质量的工艺,徐华兵的大姐就因为岁数大了以后视力衰退,不得已而选择放弃了木雕行业。

在日复一日的敲打中,徐华兵的手指悄然发生着变化,他感觉自己的手指和刀具渐渐产生了一种亲和力,他似乎能如意随行地运转刀锋的走向了。自信的徐华兵向父亲展示了自己的练习作品,一个千锤百炼后无比满意的如来佛像,父亲看完不置可否,让他试着做道教的四大元帅雕像。徐华兵欣然领命,手中的刀如流水秋风,不数日就完成了作品,并得意扬扬地展示给父亲看。熟料父亲看完之后径直取来一把斧头,直接将作品劈成两半后默然离去。

徐华兵愣在原地,仿佛与扑躺在地上的破碎雕像置换了身躯——那一斧好沉重,直落在脑袋上,自己做的雕像到底哪里出了问题呢?父亲为什么一言不发就走了呢?

拼凑起木身,徐华兵才发现自己把雕像的身材比例做错了,上半身拉得太长,原以为十分完美的作品,在那干脆的一斧斩透之后顿时现出了原形,根本就不像样。学习木雕最怕的就是自以为是,过度自信容易蒙蔽双眼。

徐华兵戒骄戒躁,之后的每一次敲打都严格地按照祖传的尺寸和比例裁量和下刀,终于完成了一件合格的圆雕作品。而在往后几十年的木雕生涯中,他自始至终保持着谦逊的态度。

恢复一座灵山

1989年,奉城木器雕刻厂经历乡镇企业改革,徐华兵决定回家和家人一起接活创业。徐华兵一家所在的头桥地区，被称为家具之乡。住房制度改革后家具需求量大，随着百姓审美品位提高，人们开始热衷在木板上雕刻一些花纹，或者在三合板上画一些线条。再后来，经济条件好的家庭不再满足于板式家具，逐渐追求档次较高的红木家具，涉及的雕刻主要都是吉祥如意的图案。相比于宗教雕像的观赏性，奉城木雕的实用性正体现在民用家具的雕刻方面。

1994年，徐华兵决定自己开办家具加工厂，当时政府特别鼓励年轻人创业，土地审批非常顺利，他赶上了时代的红利。家具加工不需要很大的厂房，徐华兵就将其建设在自家旁边，房顶用简单的石棉瓦铺盖。"开厂写申请报告单的时候，我踌躇满志地表示要做时代的弄潮儿，结果不幸遭遇了红木家具走下坡路，一年不到订单就越来越少，只能另寻出路。"

木雕是工艺品，本是富裕家庭能够接触的东西，制作木雕的木匠却不一定能真正挣到钱。当木雕成为徐华兵的事业，成为他支撑家庭经济的唯一途径，木雕的学习和制作似乎就变得沉重起来，一切仿佛是被推着走的，为了生存，为了更好的生活。

创业初期徐华兵家中财力有限，雕刻所需的木料主要依靠分配，不够再去新场古镇上买。由于运输价格很贵，租赁拖拉机一天要几十块钱，他只好和妻子两人借用地方的劳动推车，从几公里外一车车地将木材拉回家。炎热的夏季，焦黄的土路上鲜有几片荫凉，徐华兵夫妇顶着无情的烈日，一趟趟护送着吱呀的推车。汗水浸透衣衫，捆扎好的木材摇摇欲坠，那是一家赖以生存的根本，两人一路小心扶持，跌跌撞撞，犹如踏上了一条艰辛的取经路。每当徐华兵看向妻子，脸上豆大的汗珠常流落向滚烫的土地。偶尔对视时，面颊上油黄的疲惫才浅浅褪下，换上两排雪白的牙齿。徐华兵知道，自己并不是一个人在战斗。

"婚后妻子一直很支持我的木雕工作，1988年她在医院大着肚子待生产，我在雕刻厂赶制黄杨木古筝，业务一直做到天亮，骑自行车去奉城医院的时候，正好赶上了儿子出生。为了减轻我的工作压力，她跟我学习了几年木雕，掌握了一些基础的雕刻技术，帮了我不少的忙。"徐华兵清楚地认识到，工厂如果不想倒闭就必须不断吸纳其他业务和订单，学习新的技艺。

恰逢周浦一王庙想要恢复一座损毁的灵山。道教里的称灵山，佛教用的叫佛山，两者形制大体相同，总高有2.8米，在底座的基础上一层层做上去，共有三十六个虚房，每个虚房设一个神像或佛像。作为大型的道场，灵山是必不可少的，住持曾四处寻访木雕师傅接活，都因做工艰难被婉拒。徐华兵自身也没有制作灵山的经验，但为了维系厂房的运作，他不得不鼓起迎难而上的勇气，拿出刻苦钻研的劲头，一口答应下来。

在交通出行颇为不便的年代，身在农村的徐华兵需前往市内各地的寺庙寻访和拍照，却得知许多灵山早已彻底损毁。徐华兵心中焦躁不安，灵山交付的期限并不宽裕，然而自己连制作的工艺都尚未掌握。他有些迷惘了，涉及宗教的木雕学习和制作仿佛就是人生中的一道道坎，总是一次又一次给他出难题。站在寺庙的大殿外，耳听木鱼的敲打声和僧众的梵呗，视野中那尊金黄璀璨的佛像似乎和过去那些在手中翻来覆去打磨的木雕慢慢重合了。佛像是低眉慈目，敲打木鱼的和尚也是合目净神，浑圆的木槌敲击在斑驳的木鱼上，节奏分明不急不缓，笃声回转余韵空明，徐华兵身处线香环绕之中，忽有所悟。

在不懈的寻访和探问下，徐华兵终于通过介绍认识了曾经制作灵山的老先生，虚心学习和请教，经过大半年的摸索、试验和制作，徐华兵不辱使命完成了托付。

由于灵山不再是一直固定放在一个地方，而是要用作各个道场的摆设，需要不断搬运，这就要求徐华兵在旧有的制作方法上，参照当下需求,将其改为可组装式的摆件,学习全新的榫卯结构。徐华兵制作的灵山庄严肃穆,巍峨得体,让住持大为满意。自此徐华兵边学边做,前后制作了五六十座灵山,光是灵山包含的雕像,徐华兵就做了一千八百多个。

名声远扬后业务量慢慢回升,徐华兵写信给东阳的木雕师傅请他们回来帮忙。外甥和内侄也开始跟着学习木雕,接业务、做生意。

手指生疏地敲打在键盘上

徐华兵家中各处摆有许多副眼镜,布满木屑粉尘的机床房里尤多。上了年纪后,徐华兵有了老花眼,习惯随拿随放的他经常找不到眼镜,妻子于是一口气给他买了十几副。面对电脑屏幕,他从堆叠如山的木料旁找到一副眼镜,擦了擦镜片。电脑上安装有连接机器的软件,徐华兵在数据库中搜索相应的作品名称,两只手指敲打键盘的速度不快不慢,眼睛则紧盯在键盘上,仔细查找着字母的位置。敲下回车键后,休眠的机器再次运转起来,锋利的刻刀在短时间内连续上下戳动,嗡嗡声刺耳欲聋。我看见窗缝里透入的那道光,渐有细碎的颗粒在光束中浮动。

1986年,徐华兵父亲从奉城木器雕刻厂退休,奉城木雕技艺传承工作的重任日渐转到徐华兵肩上。1988年,徐华兵儿子出生,徐华兵对未来充满了希望,憧憬自己的孩子也能学习木雕,加入到家族事业中。然而同其他同龄人一样,孩子对学习木雕的兴趣并不浓厚。徐华兵的儿子选择走上读书道路,考入上海师范大学就读理工专业,毕业后在3D打印领域工作。

21世纪初,受到产业变革影响,数控技术发展越来越成熟,传统木雕行业再次受到猛烈冲击。现代工厂借助数控雕刻机的效能优势,可以批量完成木雕作品的基础打胚工作,从而大幅降低制作成本,产品在市场上更有优势。竞争压力增大后，考虑到师傅工费太高，手工的产品价格降不下来，徐华兵陆续裁掉聘请的工人，于2011年购置了两台价值20万元的数控雕刻机，将基础的打胚工作交给数控雕刻机来完成。而在徐华兵的引导下，儿子也慢慢对木雕学习产生好奇，开始与他合作，致力于奉城木雕文旅产品的设计制作。儿子和外甥懂一些程序设计，徐华兵就跟着他们学习简单的数控技术。

如今在徐华兵儿子的帮助下，数控技术和木雕工作有机结合，模具照片拍好后进行扫描分析，利用灰度图把二维的图片转化为三维的立体图，再将数据转换成刀路导入到机器里，就可以完成大量工艺品的制作。技术的进步对产品制作帮助不小，在订单需求量大的情况下，根本不可能完全靠手工完成雕刻。"现在需要推广上海特色，做三大高地文旅产品。找一些不错的照片，用AI进行生成后，就可以批量雕刻出仿制品。相较而言，机器雕刻的光洁度不够高，有改进的空间。如果是遇到要求高的客户，仍需自己设计和定位。"

随着雕刻工具的更新换代，牙雕机也解决了精细雕刻用传统刀具容易造成木料断裂的问题。牙雕机可以轻松对木材进行镂空，简化步骤的同时也不会损害整体作品的细节展现，"木雕学习应该主动与时代接轨，否则就要被淘汰"。

往木头里灌输木雕师的灵魂

2021年，奉城木雕被设为上海市首批传统工艺振兴项目，洪西村作为乡村振兴的示范村，计划大力推动当地文旅产业发展。驻村第一书记和党支部书记筹谋充分发挥地区的文化优势，集中开发自己的文创产品，便邀请徐华兵在文化艺术展览馆放一些雕刻精品，展现出奉城木雕独特的艺术样貌。徐华兵自主研发文创产品，创新制作年轻人喜欢的雕刻作品。

除了文创产品,徐华兵现在主要接道教里雕像和忏牌的订单。还有一些老板和收藏家喜欢装饰用品,他们对工艺品要求很高,执着于手工雕刻,手中有好的材料就交给木雕师。所谓"一木一作品",没有复制性,他们就觉得有收藏价值,比如树皮的某一部分有一个疤痕,就有了独特的个性。"人工作品和机器作品不一样,人工作品有自己的想法在里面,每一件都有它的独特性,而机器做多少件都是一样的。每个木雕师傅对木雕的理解都不相同,因为图是死的,人是活的。"

在徐华兵心目中,纯手工做出来的作品灌输有木雕师的灵魂,也见证着他手艺的进步。几十年木雕生涯如一段漫长的修行,徐华兵在解除了急功近利的枷锁后,逐渐孕育出一种内在的匠心精神。他热爱自己的每一个作品,也会在偶然的旅行中被精美的雕刻打动。徐华兵渴望学习,渴望自己的手艺能够不断精进,打造出更加传神精美的木雕作品。

然而谈及日常的木雕学习,徐华兵总是颇为感慨:"学雕刻之前应该要学习专业的绘画,会绘画有得天独厚的优势。我们不是科班出身,不会绘画,当时很多业务只能依葫芦画瓢。"为了做好欧美国家的订单和静安宾馆的内部装饰工作,在没有照相机的年代,徐华兵经常要跟随父亲坐公交车四处奔波,从偏远的奉城镇前往老城区和外滩,就地完成图案的临摹绘制,如果运气稍好,能借阅到图纸就用复写纸进行手描。经过多年临摹绘画经验的积累,徐华兵已经可以兼顾木雕所需的绘图工作。尽管如此,徐华兵依然觉得不足,他报名前往工艺美术学院进修。在与老师和学生的交流中,他慢慢领会到不同艺术作品创作的异同,逐渐对木雕工艺有了更深的理解。

事实上,对高明工艺和理想作品的执着追求一直是徐华兵的学习和工作态度。

1994年徐华兵开办自己的雕刻厂后接手了不少俗神雕像的制作。

"奉贤城隍庙供奉的神叫作周中铉，在上海为官期间曾治理过水灾、救赈过难民；川沙城隍庙供奉的神叫秦裕伯；松江东岳庙进贡的是杨文圣，这些都是对当地老百姓有所贡献的人，才被奉为民间的神。由于各个地方有各个地方的神王，衣着造型和手势都有所差异，雕像必须根据当地百姓的口述来进行制作。之前闹过笑话，有木雕师给万寿王刘猛将雕刻了胡子，刘猛将在很年轻的时候就已经去世，因此不可能有胡子。不管百姓是出于宗教信仰还是个人信仰，既然你受其嘱托进行雕刻，就一定要尊重客观事实。"

由于当时可以借鉴的书籍很少，徐华兵的学习基本都是靠现实生活中直接观察和请教。"相较而言，雕刻专家徐华铛的书看的多一些。主要是看介绍佛神、道神、鬼神知识的书，还有民间信仰的俗神等等，常用的图案也是在书本上学习。"通过结合自主学习和社会实践，徐华兵对比借鉴了各地木雕的特点，诸如白族注重粗犷大气，东阳追求丰富灵动。"木雕是一门做到老学到老的手艺，需要在雕刻的过程中不断吸纳其他地区的风格优势。"

敲打自己，也是敲打后辈

木雕在行业里被称为精细木工，需要六年才能出师，标准是能够自己画图自己设计雕刻。而普通木工只要会做一张八仙桌，带四条凳子，一般两三年就能出师。"浙江东阳木雕师傅很多，但是他们的孩子都不愿意学习木雕，因为周期太长，获得的收益却不成正比。他们雕刻水平虽然很高，但是和其他挣大钱的浙商相比，可获取的利润空间太小，所以后来都转行做生意去了。"

联想到奉城木雕文化传承的未来，徐华兵略显无奈，"类似于木雕和竹编相关的手艺人越来越少了，目前本地只有几位六七十岁的老师傅还在坚持"。2009年上海市政府开始重视非遗文化传承工作，社区服务中心主动帮忙申报。2011年奉城木雕被列为上海市非遗文化传承项目后，政府开始对奉城木雕进行大力宣传，开展一系列活动。身为上海市非遗项目奉城木雕的传承人，徐华兵和妻子积极参与奉城木雕的宣传活动，带着各式各样的雕刻作品和工具，在展台前宣讲演示。"本地人都知道奉城有一个奉城木雕，但是出了本地，知名度就小多了。外来看展的人逛到我们的展柜面前，经常会问奉城木雕是什么，没听说过，他们只知道东阳木雕。听到这些话，我心里既惭愧又伤心。"徐华兵不遗余力地参与宣传活动，以至于有些订单的工期被压缩得很短，年过半百的他不得不经常加班加点，深夜里雕刻厂仍时常回荡有清脆的敲打声。

为了传承奉城木雕的工艺，奉城地区多所学校开设了以传承非遗文化项目为目标的特色课程，但考虑到做工场地、工具和材料的成本，学生仍然是通过拓展课、兴趣班和社团课的形式学习木雕。课上徐华兵会讲解各类刀具的使用技法，以及各种雕刻的不同流程。由于学生每个学期都在更新，徐华兵每次都只能从简单的浮雕教起，根据学生不同的学习能力进行调整。比如从简单的兔子和胡萝卜到稍微复杂一些的蝙蝠和梅花鹿，再到更繁复的龙的雕刻。"我会先刻一个样板给学生看，学生觉得既简单又好看，逐渐产生兴趣，就会问上面的花纹是怎么做出来的。他们以为的复杂纹路，其实用一把V形刀就可以轻松完成，他们了解之后就感觉很奇妙。"

看起来简单的刀工，真正学起来、做起来却极其磨炼意志、考验耐心。"学习木雕不像学习手工剪纸，短期内就能有比较明显的进步。要长期的专注，不可能一蹴而就，第一个没做好，就做第二个，一个个往后做，总有一个是可以成功的。很多同学做到一半出现了失误就准备半途而废，想学好木雕，仅靠每周一次的社团课是根本不够的。"有些同学特别喜欢木雕，课后会到徐华兵家里继续学习知识技艺，那股好学劲儿让他联想到自己年轻时的求学经历。徐华兵倾囊相授，悉心指导，有些学生终于学有所成。

木雕制作各地有各地的特色，各人有各人的特点。然而相同的一点是，雕刻时人就是要静下心来，不能做了又放，放了又做，心思不能散漫。"坚持做奉城木雕，一方面是考虑到现在的生活节奏特别快，工作压力太大了，希望能够慢下来、定下来；另一方面也是因为每完成一件满意的作品，每学习到一门新的技艺，都能满足内心对艺术生活的追求和向往。"对坚守在木雕行业四十余年的徐华兵而言，学习木雕已然成为一种人生的修行。而奉城木雕的传承工作在艺术商品化的时代浪潮中，仍在艰难地探寻着突破口。

黄思文：1999 年生，上海大学文学院中国创意写作研究院 2023 级硕士研究生。

后　记

2023年底,《学习的故事》第一辑出版,在读者中引发了广泛共鸣与深刻反响。2024年3月,在上海图书馆东馆举行的《学习的故事》新书首发式结束后,不少读者对主创团队表达了深受鼓舞和激励之情。

我们的工作也受到了媒体和学术界的关注。上海大学新闻传播学院智能传播系讲师、硕士生导师徐偲骕,以传播学视角对本书进行分析。他在发表于《澎湃新闻·上海文艺》的文章《普通人的学习故事,"大写"的传播》中,将《学习的故事》视为一种打造可沟通城市/社会的尝试,是一种"大写"的传播,同时"其意义可能还不止于在全社会形成终身学习的昂扬氛围,探索一种宣传新模式;它还发挥着一种矫正社会风气的积极作用,把人们从'不内卷,就躺平'的二元对立和精神内耗中解放出来,真正跟随自己的内心去投入地做一件有意义的事情,持之以恒,日拱一卒,功不唐捐。这是所有本书创作者们自己可能都尚未意识到的一大功德,值得我们致以敬意"。

上海交通大学人文学院教授、博士生导师龙其林同样发表于《澎湃新闻·上海文艺》的文章《当创意写作走向普罗大众》中,则从创意写作教学角度围绕本书展开探讨。他认为,《学习的故事》再次展示了中文创意写作的魅力,体现了上海大学中文系创意写作专业团队的创作传统和实力,为中文创意写作二级学科的设立提供了一份可供借鉴的成果样本。"《学习的故事》对于普通人物学习经历的书写,将创意写作与人民群众的生活紧密结合，以细节凸显日常生活状态，看似取消了写作的典型性和社会意义，实则将典型位移到了民间，将社会意义调到了一个个群体，是写作观念的又一次解放。"

在首发式上，《学习的故事》外译团队亮相。通过这一举措，我们期待将中国终身学习的故事与理念传播到更广阔的国际舞台，让外国读者也能从中汲取力量与灵感。

这些肯定，让我们既欣喜于用创意故事写作的方式讲述中国好故事是可行的、有效的，是人民群众喜闻乐见的；同时也感到重任在肩，必须把好的经验总结固定下来，形成可以传之久远的方法。这些都驱使我们不能止步于此，很快我们便满怀激情地投入到《学习的故事》第二辑的写作与编辑工作中去。

有了第一辑的经验，第二辑我们的工作流程更加有序、高效。但采访取材不够深入，时间紧、工作量大等老问题依然会不时出现。而如何更有效地遴选和发掘出更有故事性、代表性的不同领域的书写对象，特别是在第一辑的写作团队部分成员已经毕业的情况下，如何帮助新成员快速熟悉工作模式，与老成员同频共振，等等，是这一辑创作不得不克服的困难。

好在经过前期的精心策划与准备，我们再次从上海"百姓学习之星"中找到了17位写作对象。在写作团队方面，坚持传帮带，上海大学中国创意写作研究院的二年级硕士生们，带着对写作与对"学习之星"故事探索的双重热情，顺利而且超预期完成了采写工作，为《学习的故事》第二辑注入了新的活力与视角。

在编辑过程中，我们始终坚持"讲好故事，讲好普通人学习的故事，讲好中国故事"的核心理念。怎样讲好？我们认为首先故事必须真实，因为真实的故事才是好故事，真实才是最大的力量。但真实绝不意味着平铺直叙，我们始终对写作者强调，要不拘泥于叙事方式，不在风格和语言上自我设限，要体现每个写作者的独特视角和观察，体现不同写作者和写作对象之间的情感张力和心灵震荡，力求多元、灵活、新颖；在保证真实性的前提下，让故事好看，让每个人物跃然纸上，抵达人心。当然，对文学性的追求也绝不意味着辞藻堆砌和文法华丽，因为这既是对"情感真实"的削减，也是与"故事好看"背道而驰，是一种低端的"文学性"。文学性永远是为故事和人物服务的，只有恰当、准确的文字，只有用这样的文字产生出强大的情感浓度，才是高级的文学。这正是我们在组稿和写作过程中，不断强调的理念，也是不断修改再修改的原因。

现在，17篇故事俱在，是否达到了上述标准，是否能够对得起读者和写作对象的期待，我们不得而知，但可以确定地说我们十分努力，全情投入。我们怀着兴奋又紧张的心情等待着大家的反馈。不足与疏漏之处难免，我们愿意倾听任何意见。恳请大家对我们的工作提供帮助和建议，以期在未来第三、第四辑的创作中加以改进。

我们相信，普通人孜孜以求、终身学习的故事本身就是精彩的，每个人都能从中获得鼓舞和振奋。我们希望把这种情绪通过我们的书写，不断传递、不断激发，与读者一同学习、一同成长，共同见证更多学习之星的诞生与辉煌。这不仅是我们的使命与责任，更是我们内心深处的热爱与追求。

编　者
2024 年 12 月